Anna-Carina Blessmann

Kritik an Autorschaft und Literaturbetrieb am Beispiel ausgewählter Episoden der Serie »Die Simpsons«

Anna-Carina Blessmann

Kritik an Autorschaft und Literaturbetrieb am Beispiel ausgewählter Episoden der Serie »Die Simpsons«

Mainzer Institut für Buchwissenschaft

INITIALEN

Anna-Carina Blessmann,
geboren 1993 studiert seit 2012 Buchwissenschaft mit Nebenfach Filmwissenschaft an der Johannes Gutenberg-Universität Mainz. Mit ihrer Arbeit »Kritik an Autorschaft und Literaturbetrieb am Beispiel ausgewählter Episoden der Serie ›Die Simpsons‹« erlangt sie 2016 den Bachelor of Arts und führt ihr Studium mit einem Master in Filmwissenschaft fort.

Anna-Carina Blessmann

Kritik an Autorschaft und Literaturbetrieb am Beispiel ausgewählter Episoden der Serie »Die Simpsons«

Gesetzt aus Minion Pro und Myriad Pro
in der Lehrdruckerei des Instituts für Buchwissenschaft
von Sibel Bektas, Elisabeth Ernst und Alexandra Kampe

Lektorat Jasmin Schmidt und Lea Zäh

Marketing/PR Marie-Christina Lechtenberg und Janine Müller

Print ISBN 978-3-945883-42-6
EPUB ISBN 978-3-945883-43-3
PDF ISBN 978-3-945883-44-0

INHALT

1 FORSCHUNGSBERICHT

Die Serie Die Simpsons[1], ist mit einer Laufzeit von mehr als 25 Jahren die am längsten gesendete »Sitcom« auf dem US-amerikanischen Markt und hat ihrem Sender FOX zu einer bedeutenden Marktstellung verholfen.[2] Sie scheint in diesem Zeitraum zum Teil der Populärkultur nicht nur ihrer US-amerikanischen Heimat, sondern auch der Deutschlands geworden zu sein[3], wo die Serie täglich im Privatfernsehen zu sehen ist. Vor dem Hintergrund des umfangreich ausgestatteten Universums einer Kleinstadt werden anhand einer durchschnittlichen Familie aus der Arbeiterklasse nahezu alle das tägliche Leben betreffenden Themen satirisch aufbereitet. Diese umfassen beispielsweise Konsumverhalten, Politik, Wirtschaft oder die (Pop-)Kultur, die meist universal verständlich sind[4], was die Serie nicht nur gesellschaftlich relevant, sondern auch zum Gegenstand im wissenschaftlichen Diskurs verschiedener Forschungsdisziplinen macht.

Wie sich Die Simpsons mit dem Medium Buch und den damit verbundenen Prinzipien von Autorschaft und des Literaturbetriebs kritisch auseinandersetzen, wurde bisher wenig beachtet. Ihre Außensicht auf den

---

1   Ist im Folgenden von der Serie als Ganzem die Rede, wird die Schreibweise Simpsons gewählt. Ist hingegen – in selteneren Fällen – von der »Simpsons«-Familie, bestehend aus Homer, Marge, Bart, Lisa und Maggie die Rede, wird die normale Schreibweise Simpsons angewandt.

2   Vgl. Gray, Jonathan/Jones, Jeffrey P./Thompson, Ethan: The State of Satire, the Satire of State, In: Satire TV. Politics and Comedy in the Post-Network Era. Hrsg. von Jonathan Gray, Jeffrey P. Jones und Ethan Thompson. New York/London: New York University Press 2009, S. 3–36, hier S. 25.

3   Vgl. Gruteser, Michael/Klein, Thomas/Rauscher, Andreas: Das Simpsons-Netzwerk. Eine Einführung. In: Subversion zur Prime-Time. Die Simpsons und die Mythen der Gesellschaft. Hrsg. von Michael Gruteser, Thomas Klein und Andreas Rauscher. 3. Auflage. Marburg: Schüren 2014, S. 10–14, hier S. 10.

4   Vgl. Czogalla, Michael: Behind the Laughter. »Die Simpsons« im Kontext der amerikanischen Populärkultur. Marburg: Tectum 2004, S. 9.

Literaturbetrieb ist aber aufgrund des großen Einflusses der Serie auch für die Buchwissenschaft relevant und interessant.

Daher stellen sich die in dieser Arbeit zu beantwortenden Fragen: Auf welche Weise und woran genau wird bei den SIMPSONS an Autorschaft und Literaturbetrieb Kritik geübt? Und kann diese Kritik für den außerhalb des Literaturbetriebs stehenden Zuschauer überhaupt verständlich und relevant sein?

1.1 Methodisches Vorgehen

Um diese Fragen zu beantworten, müssen zunächst der Literaturbetrieb an sich definiert und Aufbau und Mechanismen vorgestellt werden. Im Hinblick auf die folgende Analyse der SIMPSONS werden die hierfür hilfreichen Begriffe und Sachverhalte geklärt, wobei auch auf die symbolische Aufladung, die der Betrieb innerhalb der ihn betreffenden Diskussion erfährt, eingegangen wird. Da die Kritik der SIMPSONS universal ist, soll auch die Beschreibung des Literaturbetriebs umfassend, aber allgemein sein, wobei auf historische Herleitungen oder die Darstellung nationaler Spezifika verzichtet wird.

Sogenannte »Hypes« spielen nicht nur in den SIMPSONS-Folgen eine Rolle, sondern sind auch in der öffentlichen Wahrnehmung außerhalb des Literaturbetriebs präsent. So wie diese werden auch Kritikpunkte am Betrieb in der Realität aufgezeigt, um überprüfen zu können, inwieweit die SIMPSONS diese aufgreifen oder neue Sichtweisen hinzufügen. Eine herausragende Position nimmt innerhalb des literarischen Feldes der Autor ein, der sich darin auf vielfache Weise selbst inszenieren kann. Einige Inszenierungsmethoden, die auch die SIMPSONS aufgreifen, werden exemplarisch vorgestellt.

Um die Kritik der SIMPSONS erfassen zu können, muss verstanden werden, wie diese mit parodistischen Mitteln in der Serie transportiert wird. Eine grundlegende Terminologie dazu stammt zwar aus der Literaturwissenschaft und bezieht sich primär auf literarische Verfahren, ist aber auch auf das Medium Fernsehen übertragbar. Darüber hinaus überhöht und verzerrt Satire in ihrer Darstellung bewusst die Realität und drückt eine subjektive Meinung der SIMPSONS-Macher über den jeweiligen Sachverhalt aus. Dazu hat die Serie ihr eigene Strategien und Konzepte entwickelt, deren Vorstellung zum besseren Verständnis beiträgt.

Da keine Untersuchung aller in über 500 SIMPSONS-Folgen gemachten Anspielungen auf den Literaturbetrieb erfolgen kann, wird exemplarisch die Episode THE BOOK JOB (HOMERS SIEBEN, St. 23 Ep. 6, USA 2011) ausführlich analysiert, da sie sich mehr als alle anderen Folgen fast ausschließlich mit dem Literaturbetrieb kritisch auseinandersetzt. Dabei werden die einzelnen Themenblöcke strukturiert auf ihre Kritikpunkte hin untersucht. Um darüber hinaus die grundsätzliche Sicht der SIMPSONS-Macher auf den Betrieb herausstellen zu können, werden zwei weitere Episoden hinzugezogen.

1.2 Forschungsliteratur

Einen umfassenden, strukturierten Überblick über den Literaturbetrieb und seine Elemente bieten sowohl *Literaturbetrieb*[5] von Bodo Plachta als auch *Der Literaturbetrieb. Eine Einführung*[6] von Steffen Richter. Ergänzend können die Sammelbände *Doing Contemporary Literature*[7] und *Literaturbetrieb. Zur Poetik einer Produktionsgemeinschaft*[8] herangezogen werden, deren Beiträge sich detailliert mit einzelnen Aspekten des Literaturbetriebs auseinandersetzen. Hilfreich ist außerdem eine Diskussionseröffnung zum Literaturbetrieb im *Jahrbuch der Deutschen Schillergesellschaft*[9], wenn auch einige der darin enthaltenen Beiträge recht ergebnislos zu bleiben scheinen. Den Wert des Autors in der Gesellschaft und seine Inszenierungsstrategien beschreiben Matthias Schaffrick[10] und Carolin John-Wenndorf[11] in ihren einführenden Kapiteln. Zur Parodie und damit verwandten Begriffen geben sowohl Frank Wünsch[12] als auch Beate Müller[13] eindeutige und ausführliche Definitionen, deren ausschließlich für die folgende Analyse nützlichen Aspekte herausgegriffen werden.

---

5   Plachta, Bodo: Literaturbetrieb (UTB 2982, Literaturwissenschaft elementar). Paderborn: Wilhelm Fink 2008.

6   Richter, Steffen: Der Literaturbetrieb. Eine Einführung. Texte – Märkte – Medien (Einführungen Germanistik). Darmstadt: WBG 2011.

7   Doing Contemporary Literature. Praktiken, Wertungen, Automatismen (Schriftenreihe »Automatismen«). Hrsg. von Maik Bierwirth, Anja Johannsen und Mirna Zeman. München: Wilhelm Fink 2012.

8   Literaturbetrieb. Zur Poetik einer Produktionsgemeinschaft. Hrsg. von Philipp Theison und Christine Weder. München: Wilhelm Fink 2013.

9   Jahrbuch der Deutschen Schillergesellschaft. Internationales Organ für neuere deutsche Literatur 52 (2008).

10 Schaffrick, Matthias: In der Gesellschaft des Autors. Religiöse und politische Inszenierungen von Autorschaft (Reihe Siegen. Beiträge zur Literatur-, Sprach- und Medienwissenschaft 171). Heidelberg: Winter 2014.

11 John-Wenndorf, Carolin: Der öffentliche Autor. Über die Selbstinszenierung von Schriftstellern. Bielefeld: Transcript 2014.

12 Wünsch, Frank: Die Parodie. Zu Definition und Typologie (Poetica. Schriften zur Literaturwissenschaft 39). Hamburg: Dr. Kovač 1999.

13 Müller, Beate: Komische Intertextualität. Die literarische Parodie (Horizonte. Studien zu Texten und Ideen der europäischen Moderne 16). Trier: Wissenschaftlicher Verlag Trier 1994.

Den allgemein gehaltenen Publikationen zu den Simpsons scheint es teils an der wissenschaftlichen Ernsthaftigkeit, was Schreibstil und Vorgehen betrifft, zu mangeln, weshalb hier nur einzelne Erkenntnisse daraus hilfreich sind. *Subversion zur Prime-Time*[14] kann hingegen als aktuelles Standardwerk bezeichnet werden, das multiperspektivisch nicht nur eine wissenschaftliche Sicht auf die Serie, sondern auch nützliches Hintergrundwissen bietet. Abschließend werden die Beiträge in *The Simpsons Did It!*[15] zur Beantwortung der eingangs gestellten Forschungsfragen hinzugezogen.

14 Subversion zur Prime-Time (2014).
15 The Simpsons Did It! Postmodernity in Yellow. Hrsg. von Martin Tschiggerl und Thomas Walach.
      Wien: Ferstl & Perz 2015.

2 LITERATURBETRIEB

Spricht man vom »Literaturbetrieb«, kann bereits der Begriff *Betrieb* abseits einer rein sachlichen Ebene eine Wertung enthalten. Darin zeigt sich implizit der Doppelcharakter des Buches als Kulturgut und Ware, das als Letzteres den kommerziellen Zielen[16] einer – durchaus auch negativ konnotierten – Industrie dienen soll. In diesem Zusammenhang ist der von Horkheimer und Adorno geprägte Begriff der »Kulturindustrie« zu nennen: Diese ist

Teil eines ideologischen Verblendungszusammenhangs [...], dessen primäres Ziel die reibungslose Integration des Menschen in den kapitalistischen Wirtschaftsprozess und die komplette Versorgung mit Unterhaltungsware ist, die den Konsumenten zugleich in die Unterwerfung unter das Gegebene einübt[17],

weshalb sich in der Industrie über den Doppelcharakter hinaus auch der *Konflikt* zwischen Kulturgut und Ware zeigt, in dem Buch und Literatur offenbar stets stehen. Innerhalb der Industrie geht der kulturelle Wert des Buches zugunsten seines Warencharakters verloren, weshalb die Kulturindustrie von jenen abgelehnt wird, »die jede Form der Vermarktung als Verrat am kunstwerklichen Wesen verstanden wissen«[18] wollen. In ihrer Darstellung des Spannungsverhältnisses zwischen wirtschaftlichen und kulturellen Faktoren ist die Diskussion um die Kulturindustrie also auch auf den Literaturbetrieb übertragbar.

16 Ein »nach kommerziellen Zielen ausgerichtete[r] Literaturbetrieb« entstand im 18. Jahrhundert. Vgl. Schneider, Ute: Literatur auf dem Markt. Kommunikation, Aufmerksamkeit, Inszenierung. In: Literaturbetrieb. Zur Poetik einer Produktionsgemeinschaft, S. 235–247, hier S. 235.

17 Hahnemann, Andy: Kulturindustrie. In: Das BuchMarktBuch. Der Literaturbetrieb in Grundbegriffen (rowohlts enzyklopädie). Hrsg. von Erhard Schütz u. a. 2., durchgesehene Auflage. Reinbek: Rowohlt 2010, S. 183–186, hier S. 183f.

18 Ebd., S. 185. Vgl. auch Plachta: Literaturbetrieb, S. 9.

Auf einer rein sachlichen Ebene bleibt der Begriff »Literaturbetrieb« laut Bodo Plachta auch diffus: Die Bezeichnung konkurriere mit anderen wie beispielsweise »Literarisches Leben« oder »Literaturszene«.[19] Allen gemeinsam sei es aber, dass sie ein Modell beschrieben, in dem Akteure und Instanzen in sowohl sozialen als auch wirtschaftlichen Rahmenbedingungen interagierten, um Literatur zu veröffentlichen.[20]

Nach seiner Entstehung im 18. Jahrhundert etablierte sich der Begriff »Literaturbetrieb« erst in den 1840er Jahren und stand bald – ähnlich wie oben anhand der »Kulturindustrie« aufgezeigt – synonym für die *Kritik* an einer Literatur, der es an politischem Engagement gemangelt haben soll.[21] Auch das »literarische Feld« nach Pierre Bourdieu wird als Definitionsgrundlage innerhalb der Forschungsliteratur herangezogen: Darin agieren verschiedene Institutionen der Literaturvermittlung mit eigenen Werten und Normen gemeinsam mit Autoren und Lesern und es existiert neben verschiedenen anderen (wissenschaftlichen, kulturellen etc.) Feldern.[22]

Eine einleuchtende und offenbar umfassende Definition gibt Steffen Richter:

Der ›Literaturbetrieb‹ soll hier verstanden werden als die Gesamtheit der Institutionen, Instanzen und Personen sowie ihrer Beziehungen untereinander, die Rahmenbedingungen für die Produktion, Distribution und Rezeption literarischer Texte bilden. Ein besonderer Akzent liegt dabei auf ›betrieblichen‹, also praktisch-professionellen Gesichtspunkten und mit ihnen verbundenen Berufsbildern.[23]

Der Literaturbetrieb umfasst also u. a. Autoren, Verlage, Groß- und Einzelbuchhandel, aber auch Literaturkritik, Literaturpreise und ähnliche literarische und kulturelle Veranstaltungen und Kategorien, die im Folgenden näher beleuchtet werden. Auf den Autor als Teil des Literaturbetriebs und seine Funktion und Inszenierung darin wird in Kapitel 3 ausführlicher eingegangen.

Der Verlag nimmt im literarischen Feld nicht nur die Rolle eines Vermittlers zwischen Autor und Leser ein, indem er literarische Texte nach sowohl »inhaltlich-qualitativer als auch wirtschaftlicher« Prüfung und Aus-

---

19 Vgl. Plachta: Literaturbetrieb, S. 9.
20 Vgl. ebd., S. 12f.
21 Vgl. Theisohn, Philipp/Weder, Christine: Literatur als/statt Betrieb. Einleitung. In: Literaturbetrieb. Zur Poetik einer Produktionsgemeinschaft, S. 7–16, hier S. 9f.
22 Vgl. Plachta: Literaturbetrieb, S. 14.
23 Richter: Der Literaturbetrieb, S. 8.

wahl vervielfältigt und vertreibt.[24] Er konvertiert auch »kulturelle Werte in das Wirtschaftssystem, in Geld«.[25] Der Verlag entscheidet vor der Veröffentlichung über die äußere Form eines Buches und auf inhaltlicher Ebene innerhalb des Lektorats, worauf die Bewerbung des Produktes und der Vertrieb folgen.[26] Durch die »Kommunikationsleistung« des Verlages wird dabei Aufmerksamkeit erzeugt, die, wenn sie vom Verlag richtig gelenkt wird, zu Verkaufserfolgen führt.[27]

Verlage unterteilen sich grob gesagt in vom Inhaber, der programminhaltliche Entscheidungen trifft, geführte und in sogenannte Managementverlage, in denen die Entscheidungsgewalt aufgeteilt ist.[28] Es lässt sich allerdings zunehmend eine Bewegung hin zu Zusammenschlüssen zu großen Konzernen beobachten, was zwar einen Verlust der Bindung zwischen Verlag und Autor zur Folge hat und die Bedeutung von Literaturagenten verstärkt.[29] Die ursächliche Globalisierung begünstigt aber auch eine stärkere internationale Vernetzung und ermöglicht dadurch sogenannte Weltbestseller wie beispielsweise die *Harry Potter*-Reihe. Dabei verfolgen die Zusammenschlüsse, z. B. von Penguin und Random House, u. a. das Ziel, ihre Position innerhalb des Literaturbetriebs gegenüber großen Online-Händlern zu stärken.[30]

Wie der Verlag gehören auch Zwischen- und stationärer Buchhandel zum Bereich Produktion und Vertrieb.[31] Der Zwischenbuchhandel erhält meist die Bücher vom Verlag und beliefert dann die stationären Buchhandlungen entsprechend ihrer Bestellungen.[32] Vorherrschend im Verkauf der Bücher an die Leser ist dennoch im europäischen und US-amerikanischen Markt der Online-Versender Amazon[33], der in den USA, wo 70 % der gedruckten Bücher über Amazon verkauft werden, den stationären Buchhandel anscheinend fast vollständig verdrängt hat.[34]

24 Vgl. Plachta: Literaturbetrieb, S. 75f.
25 Schneider: Literatur auf dem Markt, S. 241.
26 Vgl. Richter: Der Literaturbetrieb, S. 7.
27 Vgl. Schneider: Literatur auf dem Markt, S. 242.
28 Vgl. Richter: Der Literaturbetrieb, S. 79.
29 Vgl. Johannsen, Anja: »Zuviel zielwütige Kräfte?« Der Literaturveranstaltungsbetrieb unter der Lupe. In: Doing Contemporary Literature, S. 263–281, hier S. 266.
30 Vgl. Töteberg, Michael: Jour fixe. Agenten, Autoren, Amazon. Bericht von einer fiktiven Verlagskonferenz. In: Zukunft der Literatur. 50 Jahre Text + Kritik. Sonderband. Hrsg. von Hermann Korte u.a. München: Edition Text + Kritik 2013, S. 51–58, hier S. 53.
31 Vgl. Plachta: Literaturbetrieb, S. 75.
32 Vgl. ebd., S. 76.
33 Vgl. Plath, Jörg: Die Literatur in digitalen Zeiten. In: Zukunft der Literatur, S. 29–41, hier S. 30.
34 Vgl. Töteberg: Jour fixe, S. 53.

Die Literaturkritik tritt innerhalb des Literaturbetriebs als aufmerksamkeitssteuernde Vermittlerin zwischen Literatur und Leser auf.[35] Durch ihre subjektiven Bewertungen geben die Kritiker Orientierung und tragen zur Kanonisierung der Literatur bei.[36] Ebenfalls Orientierung bieten Bestsellerlisten, die seit 1895 bestehen[37] und die laut Barbara Basting eine geschmacksprägende Wirkung innerhalb der Literatur einnehmen.[38] Erfolg auf dem Markt sei dabei wichtiger geworden als Inhalt und Qualität eines Werkes, das durch seine Platzierung auf einer Liste keiner weiteren Legitimation mehr bedürfe.[39] Der kommerzielle Erfolg, den die Platzierung auf einer Bestseller-Liste anzeigt, zieht entsprechend kalkulierte Nachfolger nach sich, wobei laut Richter die

> *Grenzen zwischen der Bewunderung eines Vorbilds samt üblichen intertextuellen Praktiken und der schlichten Reproduktion von narrativen Strategien und Marketingtechniken [...] allerdings nicht immer klar zu ziehen [sind].*[40]

Um einen Titel auf den Bestseller-Listen zu platzieren, wendet ein Verlag entsprechende Werbestrategien an, die nicht nur an den Leser, sondern vor allem an Akteure innerhalb des Literaturbetriebs gerichtet sind.[41] Damit einhergehend ist es wohl besonders in den USA üblich, bei erwartbar hohen Verkaufszahlen eines Buches dem Autor entsprechend hohe Vorschüsse zu zahlen.[42]

---

35 Vgl. Plachta: Literaturbetrieb, S. 90f.

36 Vgl. ebd., S. 96.

37 Laut Plachta wurden »1895 [...] in der Branchenzeitschrift *The Bookman* erstmals Listen veröffentlicht, in denen überdurchschnittlich verkaufte Romane, sog. ›Best Sellers‹ erfasst wurden. Nur wenige Jahre später, zur Jahrhundertwende, wurde das Attribut ›best‹ auch als ästhetisches Werturteil zur Bezeichnung anspruchsvoller literarischer Werke benutzt.« Plachta: Literaturbetrieb, S. 103.

38 Vgl. Basting, Barbara: Das Ende der Kritik, wie wir sie kannten. In: Literaturbetrieb. Zur Poetik einer Produktionsgemeinschaft, S. 49–62, hier S. 57.

39 Vgl. ebd., S. 56.

40 Richter: Der Literaturbetrieb, S. 119.

41 »Zuerst wird er versuchen, dem Buchhandel das Potenzial eines Titels plausibel zu machen und ihn durch auffällige Werbeseiten in den Branchenmagazinen, Ankündigung einer großartigen Publikumswerbung, Bereitstellung von Verkaufshilfen, Verschickung von Leseexemplaren und v. a. durch die Gewährung attraktiver Sonderrabatte zu großzügigem Bestellen und anschließendem Verkauf vom Stapel zu veranlassen.« Fischer, Ernst: Marktinformation und Lektüreimpuls. Zur Funktion von Bücher-Charts im Literatursystem. In: Literaturbetrieb in Deutschland. Hrsg. von Heinz Ludwig Arnold und Matthias Beilein. 3., völlig veränderte Auflage. München: Edition Text + Kritik 2009, S. 200–218, hier S. 204.

42 Vgl. Basting: Das Ende der Kritik, wie wir sie kannten, S. 57f.

Zur öffentlichen Wahrnehmung von Autoren und Literatur tragen u. a. Literaturpreise und Lesungen bei. Literaturpreise sind auch eine Form der Literaturkritik und zeigen nicht nur aktuelle Auffassungen von Literatur, sondern unterstützen auch Autoren finanziell und sozial und schaffen sowohl für den Autor als auch für die Institution, die den Preis vergibt, Aufmerksamkeit.[43] Sie sind Element der Dichterverehrung, die laut Plachta eine »lange Tradition« hat.[44] Daher dienen sie auch der Selbst-Inszenierung des Autors in der Öffentlichkeit.[45]

Aus ähnlichen Gründen sind Lesungen und andere Literaturveranstaltungen auch Marketinginstrument, da sie Aufmerksamkeit für Autor und Verlag erzeugen[46] und der Autor finanziell auf sie angewiesen ist.[47] Dennoch weist laut Anja Johannsen das »Reklamehafte der Literaturveranstaltung [...] gerade auf den Warencharakter eines jeden Stücks Literatur hin und ruft damit Misstrauen hervor«[48], das sich auch in dem Vorwurf der Eventisierung äußert: Durch die »beständige Selbstüberbietung« solcher literarischer Events werde der literarische Inhalt zugunsten der Autorinszenierung verdrängt.[49]

2.1 Literarische Moden – »Hypes«

Ausgehend von einem Beitrag der Literaturkritikerin Sigrid Löffler, die am Beispiel von Dan Brown u. a. die sich immer mehr angleichenden, massentauglichen, austauschbaren und vorherigen literarischen Erfolgen nacheifernden Neuerscheinungen kritisiert[50], analysiert Mirna Zeman sogenannte »literarische Moden«. Was andernorts als »Hype« bezeichnet werden würde[51], meint solche Überraschungsphänomene wie die *Harry Potter-* oder *Twilight*-Reihe, die etliche Nachahmer, sogenannte Me-Too-Produkte, nach sich ziehen. Der Begriff »Mode« umfasst dabei – ähnlich Kleidermoden – die Prinzipien des Wechsels sowie der Wiederholung und schließt eine kurze

---

43 Vgl. Plachta: Literaturbetrieb, S. 106f.
44 Vgl. ebd., S. 119.
45 Vgl. Dücker, Burckhard: Literaturpreise. In: Veränderungen des Literaturbetriebs 39 (2009) Heft 154, S. 54–76, hier S. 55.
46 Vgl. Johannsen: »Zuviel zielwütige Kräfte?«, S. 270f.
47 Vgl. ebd., S. 277.
48 Ebd., S. 271.
49 Vgl. Richter: Der Literaturbetrieb, S. 116.
50 Vgl. Zeman, Mirna: Literarische Moden. Ein Bestimmungsversuch. In: Doing Contemporary Literature, S. 111–130, hier S. 111f.
51 Vgl. Basting, Barbara: Das Ende der Kritik, wie wir sie kannten, S. 59.

Dauer und breite Streuung ein.[52] Die Mode erstreckt sich nicht nur auf den Inhalt eines Werkes, sondern auch auf Themen, Formen, Genres, Buchcover etc., die innerhalb der Modeströmung von anderen als dem ursprünglichen Autor nachgeahmt und variiert werden und greift auch auf Konsumwaren und Alltagsgegenstände – in Form von Merchandise-Artikeln – über.[53] Das Aufkommen der literarischen Mode, des Hypes, sagt dabei nichts über die literarische Qualität eines Textes aus.[54]

Indem der auf dem Markt erfolgreiche Ursprungstext nachgeahmt wird, entstehen »Reihen von gleichartigen Texten bzw. Produkten«[55], die zur Vergrößerung des Profits beitragen, was die Mode zum Marketinginstrument der Verlage macht.[56]

2.2 Kritik am realen Literaturbetrieb

Wie sich gezeigt hat (vgl. Kapitel 2), kann bereits am Begriff Literatur*betrieb* Kritik geübt werden. Der Literaturbetrieb beende die Kunst[57], »Betrieblichkeit korrumpiere die Literatur«[58] und durch Eventisierung und Kommerzialisierung gerate der literarische Inhalt in den Hintergrund.[59] In seinem Beitrag *Verdirbt der Literaturbetrieb die Literatur?* verneint Jörg Drews zwar die titelgebende Frage[60], gibt aber Beispiele für Kritikpunkte: So werde bereits seit dem 18. Jahrhundert Kritik an der angeblichen Verderbnis des Betriebs geübt.[61] Drews gibt der Kritik Recht, Literaturjurys würden sich innerhalb des Betriebs dessen Kriterien der »Vermittelbarkeit und der Verkäuflichkeit« anpassen und in ihren Beurteilungen nicht mehr die literarische Qualität in den Vordergrund stellen.[62]

In ihrer Antwort auf Drews' Beitrag stellt Beatrice von Matt fest, dass der Literaturbetrieb zu »kollektivem Machtrausch« neige, wenn er Dogmen aufstelle, die meist aus Feuilleton-Debatten hervorgingen und beispielsweise

---

52 Vgl. Zeman: Literarische Moden. Ein Bestimmungsversuch, S. 119f.
53 Vgl. ebd., S. 120f.
54 Vgl. ebd., S. 121.
55 Ebd., S. 124.
56 Vgl. ebd., S. 126.
57 Vgl. Theisohn/Weder: Literatur als/statt Betrieb, S. 7.
58 Ebd., S. 8.
59 Vgl. Johannsen, Anja: »Zuviel zielwütige Kräfte?«, S. 263.
60 Vgl. Drews, Jörg: Zum Thema. *Verdirbt der Literaturbetrieb die Literatur?* In: Jahrbuch der Deutschen Schillergesellschaft. Internationales Organ für neuere deutsche Literatur 52 (2008), S. 481–491, hier S. 481.
61 Vgl. ebd.
62 Vgl. ebd., S. 485f.

Behauptungen umfassten wie »die deutsch-sprachige Literatur sei langweilig« oder »die Literatur sei unpolitisch.«[63]

Rainer Moritz sieht die Gefahren des Literaturbetriebs in den Konzentrationsprozessen und der »Bestsellerfixierung«.[64]

Gegen die Kritik wird angeführt, die Förderung von Autoren innerhalb des Betriebes fördere auch das für die Vielfältigkeit notwendige Nischendasein[65], und dass manche Autoren gegenüber anderen in der Öffentlichkeit bevorzugt würden, spreche eben für einen heterogenen Literaturbetrieb.[66]

63 Matt, Beatrice von: Eine Stellungnahme aus schweizerischer Sicht. In: Jahrbuch der Deutschen Schillergesellschaft, S. 492–495, hier S. 493.
64 Vgl. Moritz, Rainer: Wenig Neues unter der Sonne. In: Jahrbuch der Deutschen Schillergesellschaft, S. 496–497, hier S. 497.
65 Vgl. Drews: Zum Thema. *Verdirbt der Literaturbetrieb die Literatur?*, S. 483f.
66 Vgl. ebd., S. 490.

3 AUTORSCHAFT UND AUKTORIALE SELBSTINSZENIERUNG IN DER REALITÄT

Ausgehend von Thomas Wegmanns umfassender Einleitung seiner Definition des Autors, wird im Folgenden auf die darin gemachten Aussagen näher eingegangen:

> *Verfasser bzw. Urheber eines Werkes, das dieser meist gegen Honorar einem Verlag zur Verwertung und Verbreitung überlässt (entlehnt aus lat.* auctor, *›Urheber, Gründer‹, einem Nomen zu lat.* augere, *›vermehren, fördern‹). Bezog sich der Begriff anfänglich allein auf schriftlich verfasste Werke, bezeichnet er mittlerweile auch – zumal im juristischen Sinn – die Urheber von Filmen, TV- und Rundfunkbeiträgen. Moderne Autorschaft basiert auf der um 1800 entstehenden Vorstellung vom geistigen Eigentum, die ab 1835 in erste gesetzliche Regelungen zum Urheberrecht umgesetzt wird.* [67]

Während der Autor im Mittelalter nur als Vermittler angesehen wurde, entstand im 18. Jahrhundert der Geniebegriff, der auf der »Schöpfung von etwas ästhetisch Neuem« durch den Urheber basierte.[68] Auch heute noch wird dem Autor laut Matthias Schaffrick »ein gesellschaftlicher ›Wert‹ zugeschrieben, der sich in Vorstellungen von Urheberschaft, Verantwortung oder Autorität manifestiert«[69], da er mit jedem Text nicht nur sich selbst, sondern auch die Gesellschaft beschreibe.[70] Dabei spielten auch Autonomie und Authentizität des Autors mehr noch als die des Textes eine Rolle[71] und der Autor stehe »für

---

67   Wegmann, Thomas: Autor. In: Das BuchMarktBuch, S. 25–31, hier S. 25.
68   Vgl. ebd., S. 25f.
69   Schaffrick: In der Gesellschaft des Autors, S. 12.
70   Vgl. ebd., S. 9.
71   Vgl. ebd., S. 41.

Glaubwürdigkeit und Vertrauen«.[72] Zumindest innerhalb der Belletristik ist der Autorname also »die wohl wichtigste Information auf dem Umschlag«[73] und den Autor umgibt eine Aura, die ihn wichtiger als seinen Text werden lässt, wohingegen beispielsweise Drehbuchautoren hinter ihren Texten zugunsten der Bekanntheit der Serie etc. zurücktreten.[74]

In mehreren Theorien wurde sich bisher mit der Autorschaft auseinandergesetzt, wobei die Bandbreite vom Biografismus, also dem Interesse am Leben des Autors als Schlüssel zu seinem Werk[75], über den »Tod des Autors«, der durch den gleichzeitig mit seinem Text entstehenden Schreiber ersetzt wird[76], bis hin zur »Rückkehr des Autors« reicht, nach der die Intention des Autors wieder essentiell für die Interpretation seines Werkes ist.[77] Innerhalb des Literaturbetriebs hat der Autor seine wichtige Stellung ohnehin nie verloren[78], denn ohne Autor kann laut Plachta auch der Literaturbetrieb nicht existieren.[79]

Sowohl auf nationaler als auch internationaler Ebene hat der Autor das unveräußerliche Urheberrecht inne, also das Recht, über sein Werk bestimmen zu können, das ihm gleichzeitig Nutzungs- bzw. Verwertungsrechte zuspricht, die er gegen eine Vergütung an einen Verlag abgeben kann.[80] Zwischen beiden kann ein Literaturagent vermitteln, was zumindest in den USA von 80–90 % der Autoren in Anspruch genommen wird.[81]

Um sich im Literaturbetrieb positionieren und von anderen Autoren abgrenzen zu können[82], muss der Autor sich selbst in der Öffentlichkeit durch

72 Schaffrick: In der Gesellschaft des Autors, S. 69.
73 Wegmann: Autor, S. 31.
74 Vgl. ebd., S. 29.
75 Wobei tatsächlich nicht die echte Lebensgeschichte eines Autors wichtig sei, sondern die Biografie, die der Autor sich selbst geschaffen hat, und die damit Teil des Literarischen werde. Vgl. Tomaševskij, Boris: Literatur und Biographie. In: Texte zur Theorie der Autorschaft. Hrsg. von Fotis Jannidis u.a. Stuttgart: Reclam 2000, S. 49–61.
76 Vgl. Barthes, Roland: Der Tod des Autors. In: Texte zur Theorie der Autorschaft, S. 185–193.
77 Vgl. Martínez, Matías: Autorschaft und Intertextualität. In: Rückkehr des Autors. Zur Erneuerung eines umstrittenen Begriffs (Studien und Texte zur Sozialgeschichte der Literatur 71). Hrsg. von Fotis Jannidis. Tübingen: Niemeyer 1999, S. 465–479.
78 Vgl. Plachta: Literaturbetrieb, S. 32.
79 Vgl. ebd., S. 24.
80 Vgl. ebd., S. 56.
81 Der Literaturagent prüft die Manuskripte der Autoren auf ihr Veröffentlichungspotential hin und verfügt über Kenntnis der Verlagsprofile, an die er die geeigneten Manuskripte sendet. Vgl. Plachta: Literaturbetrieb, S. 58. Laut Töteberg ist der Agent Dienstleister des Autors. Vgl. Töteberg: Jour fixe, S. 52.
82 Vgl. Jürgensen, Christoph/Kaiser, Gerhard: Schriftstellerische Inszenierungspraktiken. Heuristische Typologie und Genese. In: Schriftstellerische Inszenierungspraktiken. Typologie und Geschichte. Hrsg. von Christoph Jürgensen und Gerhard Kaiser. Heidelberg: Winter 2011, S. 9–32, hier S. 10.

»strategische Personalisierung« inszenieren[83], da er oftmals ökonomisch vom Leser und dessen Aufmerksamkeit abhängig ist.[84] Über den Autornamen wird eine Marke etabliert, die sich durch Erscheinen seines Werkes auf der Bestsellerliste verfestigt und ihm größere Bekanntheit in den Medien sichert, wovon auch der Verlag profitiert, der in der Regel weniger bekannt als sein Autor ist.[85] Elemente der Inszenierung einer »Autorfigur«, die laut Carolin John-Wenndorf als Rolle in der Öffentlichkeit vor der eigentlichen, privaten Autorperson steht und diese somit mit einem Geheimnis umgibt[86], sind der angeblich persönliche Hintergrund des Autors, wie er beispielsweise durch Homestorys etc. forciert wird.[87] Dazu gehören auch Kleidung, Habitus und andere Äußerlichkeiten.[88] Für John-Wenndorf gelingt eine Autorinszenierung, wenn sie sowohl unbemerkt als auch unhinterfragt bleibt.[89]

Eine besonders etablierte Inszenierungsstrategie, die als solche ob ihrer Alltäglichkeit nicht mehr auffällt, ist das Autorenporträt. Es trägt zur bereits erwähnten Personalisierung bei, indem der Autorname mit einem Bild verbunden wird.[90] So wie die Autorfigur überlagert auch das Porträt den Text, weil der Leser es meist schon vor der Lektüre kennt und beides nicht mehr losgelöst voneinander sehen kann.[91]

Ein Autor, von dem lediglich ein einziges Foto aus der Jugend existiert und der sich durch seinen bewussten Rückzug aus der Öffentlichkeit auszeichnet, ist der US-Amerikaner Thomas Pynchon (*1937). Indem er sich dem Literaturbetrieb entzieht, erhält er umso mehr Aufmerksamkeit[92] und steht daher prototypisch für eine auktoriale Selbstinszenierung durch Nicht-Inszenierung, die so weit geht, dass über die tatsächliche Existenz Pynchons spekuliert wird und man »seine Bücher als Produkte eines weit verzweigten Textkartells oder einer internationalen Romanmafia betrachten wollte.«[93]

---

83 Vgl. Schneider: Literatur auf dem Markt, S. 243.
84 Vgl. Wegmann: Autor, S. 27.
85 Vgl. Fischer: Marktinformation und Lektüreimpuls, S. 205.
86 Vgl. John-Wenndorf: Der öffentliche Autor, S. 134f.
87 Vgl. Basting: Das Ende der Kritik, wie wir sie kannten, S. 58.
88 Vgl. Jürgensen/Kaiser: Schriftstellerische Inszenierungspraktiken, S. 12.
89 Vgl. John-Wenndorf: Der öffentliche Autor, S. 418f.
90 Vgl. Schaffrick: In der Gesellschaft des Autors, S. 52.
91 Vgl. Schärf, Christian: Belichtungszeit. Zum Verhältnis von dichterischer Imagologie und Fotografie. In: Schriftsteller-Inszenierungen. Hrsg. von Gunter E. Grimm und Christian Schärf. Bielefeld: Aisthesis 2008, S. 45–58, hier S. 46.
92 Vgl. Richter: Der Literaturbetrieb, S. 23.
93 Schärf: Belichtungszeit, S. 55.

4 FORMEN UND FUNKTIONEN DES HUMORS ALLGEMEIN

Laut Frank Wünsch besteht eine Parodie aus dem Bezug zu einer Vorlage, die mittels Imitation, aber auch verzerrender und abweichender Variation dieser Vorlage einen komischen Effekt erzielen soll, der sich wiederum gegen das parodierte Original richtet.[94] Indem innerhalb eines Textes[95] Bezug auf einen anderen genommen wird, entsteht für Beate Müller »markierte Intertextualität [...], wenn der Prätextbezug erstens dem Autor bewußt ist und zweitens dem Rezipienten bewußt werden soll.«[96] Je bekannter dem Rezipienten die parodierte Vorlage ist, desto eher kann er die Parodie als solche erkennen und für komisch befinden.[97] Die Intention einer Parodie kann zwischen einem aggressiven, destruktiven und einem harmloseren, humoristischen Duktus changieren.[98] »Parodie« ist außerdem der Oberbegriff für verschiedene andere »parodistische Techniken«, von denen es die wichtigsten zu unterscheiden gilt:[99] Die Grundvoraussetzung für den »Pastiche« ist die Nachahmung eines speziellen (literarischen, aber auch im übertragenen Sinne) Stils, die Imitation des Inhalts ist optional.[100] Im Gegensatz zur Parodie variiert der Pastiche laut Gérard Genette seine Vorlage nicht[101] und folgt weniger einer kritisierenden Absicht als vielmehr der einer Hommage an die Vorlage.[102]

---

94 Vgl. Wünsch: Die Parodie, S. 11.

95 Wobei mit Text nicht nur der literarische gemeint ist, sondern beispielsweise auch der filmische.

96 Müller: Komische Intertextualität, S. 161.

97 Vgl. ebd., S. 220.

98 Vgl. Wünsch: Die Parodie, S. 121.

99 Vgl. ebd., S. 24.

100 Vgl. ebd., S. 89. Wünsch spricht vom »Pastiche« im Neutrum, hier wird laut Duden »der Pastiche« verwendet.

101 Vgl. Genette, Gérard: Palimpseste. Die Literatur auf zweiter Stufe (edition Suhrkamp 683). Frankfurt am Main: Suhrkamp 1993, S. 40.

102 Vgl. ebd., S. 131.

Müller differenziert außerdem den Begriff der »Anspielung«. Diese bezieht sich nicht notwendigerweise auf einen anderen Text, »sondern auch beispielsweise auf nichttextuelle Sachverhalte, auf Personen, auf gemeinsam Erlebtes etc.«[103], dennoch kann durch die Anspielung auch der Bezug zu einem anderen Text hergestellt werden.

Die »Satire« unterscheidet sich in ihrer Kritik von der Parodie insofern, als sie mit »einer oft recht ausgeprägt aggressiven Komik Mißstände jeglicher Art aufdeckt und verspottet.«[104] Sie ist nicht nur auf eine direkte, aktive Umwälzung der kritisierten Umstände ausgelegt, sondern erfordert auch das Wissen um den kritisierten Gegenstand und die Bereitschaft zur bewussten Partizipation ihres Publikums[105], die über eine reine Rezeption hinausgeht. Satire ermutigt zu kritischem Denken und Reflexion besonders Machtsysteme betreffend[106], ihre Mittel sind laut Jonathan Gray, Jeffrey P. Jones und Ethan Thompson Angriff, Verurteilung und Spott, die sie auf unterhaltsame Weise gegenüber dem kritisierten Gegenstand einsetzt.[107]

103 Müller: Komische Intertextualität, S. 169.
104 Wünsch: Die Parodie, S. 25.
105 Vgl. Gray/Jones/Thompson: The State of Satire, the Satire of State, S. 15.
106 Vgl. ebd., S. 10.
107 Vgl. ebd., S. 12.

5 SIMPSONS-SPEZIFISCHE FORMEN UND FUNKTIONEN DES HUMORS

Die SIMPSONS erfüllen im Wesentlichen die vorgenannten Voraussetzungen der Satire, da sie im Gegensatz zu anderen Sitcoms nicht nur witzig, sondern vielmehr bestrebt sind, »ein realistisches Cartoon-Abbild der heutigen Gesellschaft«[108] zu bieten. Zunächst wurde die Zeichentrickserie für ein Kinderprogramm gehalten[109] und tatsächlich enthalten die SIMPSONS zu großen Anteilen »Low Comedy«: Mit dieser körperlichen Art des Humors, die oft Slapstick-Gewalt enthält, wird die ungebildete Unterschicht parodiert.[110] Doch die SIMPSONS machen keinen Unterschied zwischen vermeintlichen Niveaus, da alles zur gleichberechtigten kulturellen Referenz wird.[111] Auch die »High Comedy«, in der gebildete Schichten durch Subtilität vor allem in den Dialogen parodiert werden, die aber ein erhöhtes Verständnis kultureller Referenzen beim Publikum erfordert[112], findet in den SIMPSONS statt. Da die Macher in ihrer Kreativität keinen Einschränkungen unterliegen[113], können alle gesellschaftlich, kulturell, politisch etc. relevanten

108 Gruteser, Michael/Klein, Thomas/Rauscher, Andreas: Die gelben Seiten von Springfield. Eine Einführung. In: Subversion zur Prime-Time. Die SIMPSONS und die Mythen der Gesellschaft. Hrsg. von Michael Gruteser, Thomas Klein und Andreas Rauscher. 2., erweiterte und ergänzte Auflage. Marburg: Schüren 2002, S. 11–17, hier S. 12.

109 Vgl. Goltz, Wanja Matthias Freiherr von der: Functions of Intertextuality and Intermediality in *The Simpsons*. Diss. Phil. Universität Duisburg-Essen 2011, S. 5.

110 Vgl. Fink, Edward J.: Writing *The Simpsons*. A Case Study of Comic Theory. In: Journal of Film and Video 65 (2013) 1, S. 43–55, hier S. 46.

111 Vgl. Keazor, Henry: Die Simpsons und die Kunst. »Great artists are always trying new things!« In: Subversion zur Prime-Time (2014), S. 126–133, hier S. 130.

112 Vgl. Fink: Writing *The Simpsons*, S. 45.

113 Wie der SIMPSONS-Regisseur David Silverman in einem Interview mit Andreas Rauscher berichtete. Vgl. Rauscher, Andreas: »Das würde ich nicht unbedingt subversiv nennen.« Interview mit dem SIMPSONS-Regisseur David Silverman. In: Subversion zur Prime-Time (2014), S. 26–30, hier S. 26.

Diskurse aufgegriffen[114] und – im Sinne der vorgestellten parodistischen und satirischen Methoden – in das eigene Medium übersetzt, imitiert und variiert werden. Die episodische Struktur, innerhalb der sich die meisten Ereignisse einer ca. 25-minütigen Folge nicht auf die nächsten Episoden auswirken, ermöglicht es dabei, immer neue Themen beispielhaft in den Mittelpunkt zu stellen und zu diskutieren.[115] Statt auf eine Hauptrolle wird die Handlung auf ein Figurenensemble aufgeteilt, auf das verschiedene Positionen übertragbar sind.[116]

Die Zusammenarbeit vieler Autoren ermöglicht die Fülle an Themen und Komplexität des SIMPSONS-Universums. Sie sammeln zunächst Ideen und auch nachdem ein Drehbuchautor bestimmt wurde, arbeiten sie noch gemeinsam an den Episoden[117] und bringen sicherlich ihre eigene Haltung zu den behandelten Sachverhalten mit ein.

Dabei haben die SIMPSONS über die Dauer ihrer Laufzeit eine Doppelcodierung[118] etabliert: Neben der eigenen SIMPSONS-Realität besteht auch die des Zuschauers (z. B. in Anspielungen auf reale Politiker). Wie auch fiktive Welten, die nur im Universum der SIMPSONS existieren (z. B. die *Anjelica Button*-Buchreihe, vgl. Kapitel 6.1), wiederum eine Referenz auf Fiktionen aus der Zuschauerrealität sind. Diese können aber auch in den SIMPSONS existieren (in diesem Falle die *Harry Potter*-Reihe, da es sie parallel neben *Anjelica Button* gibt). Dazu gehören auch die seit der zweiten und dritten Staffel etablierten Gastauftritte, bei denen reale Personen des öffentlichen Lebens ein den anderen Figuren gleichberechtigtes Alter Ego in der SIMPSONS-Welt erhalten, sich meist selbst sprechen oder einer anderen episodenspezifischen Rolle ihre Stimme leihen.[119]

Das sich in dieser Doppelcodierung[120] zeigende Bewusstsein der eigenen Medialität und kulturellen Vergangenheit weist die Serie als postmodern

114 Vgl. Gray/Jones/Thompson: The State of Satire, the Satire of State, S. 7.
115 Vgl. Klein, Thomas/Hißnauer, Christian: Rücke vor bis auf ›Los‹. Die Serialität der SIMPSONS. In: Subversion zur Prime-Time (2014), S. 21–25, hier S. 25.
116 Vgl. Gruteser/Klein/Rauscher: Die gelben Seiten von Springfield, S. 15.
117 Vgl. Rauscher: »Das würde ich nicht unbedingt subversiv nennen.«, S. 27.
118 Vgl. Gruteser/Klein/Rauscher: Die gelben Seiten von Springfield, S. 11.
119 Vgl. Rauscher, Andreas: Method Acting im Kwik-E-Mart. Die Medientheorien der SIMPSONS. In: Subversion zur Prime-Time (2002), S. 104–141, hier S. 106 und 108.
120 Darin halten sich die Macher auch nicht vor Seitenhieben auf die eigenen Produktionsbedingungen zurück: »[…] von den Marketing-Lizenzen und Sponsoren bis hin zur Sendezeit und Fox-Besitzer Rupert Murdoch.« Gruteser/Klein/Rauscher: Die gelben Seiten von Springfield, S. 13.

aus.[121] Dazu gehören auch die zahlreichen Anspielungen auf die (Populär-) Kultur, die oft nebenbei und scheinbar zusammenhanglos eingestreut werden und sich sowohl innerhalb der Dialoge zeigen[122], als auch in visuellen Referenzen beispielsweise auf berühmte Filmsequenzen.[123] Diese integrieren sich laut Andreas Rauscher »nahtlos« in den SIMPSONS-Alltag, oder aber es wird ein ganzer Film-Plot nachgespielt[124], was aber meist nicht als Kritik, sondern als Pastiche zu verstehen ist.[125]

Diese Anspielungen zu entdecken bietet für Michael Gruteser, Thomas Klein und Andreas Rauscher und für den Zuschauer einen »attraktiven Bonus«[126], da eine Folge selten »nach einmaligem Sehen in ihren verschachtelten, versteckten und sprunghaften Gags und Anspielungen vollständig erschließbar«[127] sei, wie sich auch beispielsweise in der im Folgenden untersuchten Episode zeigt, in der ein Buchrücken mit dem Titel »Death to Freezeframers« tatsächlich nur sichtbar ist, wenn man das Bild »einfriert«.[128]

Um viele der Anspielungen verstehen zu können, ist aber auch hier eine gewisse (Vor-)Bildung erforderlich.[129]

---

121 Vgl. Tschiggerl, Martin/Walach, Thomas: Introduction. In: The Simpsons Did It!, S. 7–20, hier S. 10. Vgl. auch Goltz: Functions of Intertextuality and Intermediality in *The Simpsons*, S. 8.

122 Vgl. Henry, Matthew A.: *The Simpsons*, Satire, and American Culture. New York: Palgrave Macmillan 2014, S. 33.

123 Vgl. Diederichsen, Diedrich: Die SIMPSONS der Gesellschaft. In: Subversion zur Prime-Time (2014), S. 15–20, hier S. 20.

124 Vgl. Rauscher: Method Acting im Kwik-E-Mart, S. 125.

125 Vgl. Gray/Jones/Thompson: The State of Satire, the Satire of State, S. 17.

126 Gruteser/Klein/Rauscher: Die gelben Seiten von Springfield, S. 13.

127 Ebd., S. 11.

128 Vgl. TC 08:04. Zur Folge vgl. Kapitel 6.

129 Vgl. Tschiggerl/Walach: Introduction, S. 15.

6 KRITIK AN LITERATURBETRIEB UND AUTORSCHAFT IN THE BOOK JOB

Die Episode THE BOOK JOB (HOMERS SIEBEN, St. 23 Ep. 6, USA 2011)[130] wurde durch einen Internetartikel inspiriert, den der ausführende Produzent und SIMPSONS-Autor Matt Selman gelesen hatte:[131] Darin geht es um »Alloy Entertainment«, die so erfolgreiche Bücher und Buchreihen wie *Gossip Girl* produziert und an Verlage vermittelt haben. Die Firma ist ein »Book packager«, also ein Dienstleister, der mit verschiedenen Fachleuten Bücher bis zur Druckreife ausarbeitet, um sie Verlagen anzubieten[132] und im Fall von »Alloy Entertainment« ein »industrial level of efficiency«[133] beim Entwickeln neuer Jugendbücher erreicht.

6.1 Die SIMPSONS-Wahrheit hinter Literaturbetrieb und Autorschaft

Eingeleitet wie bei den SIMPSONS üblich durch ein Ereignis, das später keine Rolle mehr spielen wird – der Besuch einer Dinosaurier-Show – werden im Verlauf von THE BOOK JOB zwei Modelle der Autorschaft gegenübergestellt: Durch einen Zufall erkennt Lisa nach der Show in einer der Dinosaurier-Darstellerinnen vermeintlich T. R. Francis[134], die Autorin ihrer Lieblings-Fantasy-Romane um die Heldin *Anjelica Button*, die offensichtlich ein

130 Da diese Folge in Deutschland nicht auf DVD verfügbar ist, wird für die Analyse ein Mitschnitt der TV-Ausstrahlung vom 8. November 2015 auf Pro Sieben mit deutscher Synchronisation verwendet.

131 Vgl. Boucher, Geoff: ›The Simpsons‹ and Neil Gaiman heist ›Twilight,‹ ›Hunger Games‹. In: Hero Complex Website. 18.11.2011.
http://herocomplex.latimes.com/tv/the-simpsons-and-neil-gaiman-heist-twilight-hunger-games/#/7 [12.12.2015].

132 Vgl. Bramann, Klaus-W.: Book packaging. In: Verlagslexikon. Hrsg. von Klaus-W. Bramann und Ralf Plenz. Hamburg/Frankfurt am Main: Input/Bramann 2002, S. 51.

133 Mead, Rebecca: The Gossip Mill. Alloy, the teen-entertainment factory. In: The New Yorker Website. 19.10.2009. http://www.newyorker.com/magazine/2009/10/19/the-gossip-mill [12.12.2015].

134 Vgl. TC 01:58–02:38. Im weitesten Sinne könnte daraus interpretiert werden, dass das klassische Autormodell – wie die Dinosaurier – für die SIMPSONS-Autoren ausgestorben ist.

Pastiche auf die *Harry Potter*-Reihe sind. Bekanntlich wurde Joanne K. Rowling, der *Harry Potter*-Autorin, geraten, ihren Vornamen zu zwei Initialen zu verkürzen, um dadurch eine größere, auch männliche Zielgruppe anzusprechen.[135] Dass ebendiese Marketing-Strategie auch bei T. R. Francis angewandt wurde, spricht für eine geistige Verwandtschaft mit dem realen Vorbild. Auch in einer späteren Szene, in der *Anjelica Button*-Fans vor einem Buchladen für das neue Buch anstehen, ist die *Harry Potter*-Hommage unverkennbar, wenn die Kinder und Erwachsenen als Figuren verkleidet sind, die den »Hogwarts«-Bewohnern ähneln.

Noch bevor »T. R. Francis« sich als Schauspielerin offenbart, verrät sie ihre augenscheinliche Ahnungslosigkeit, Bücher betreffend: »Ja genau. Ich bin es, die Schöpferin Deiner geliebten magischen Welt. Voller ähm, Flausen und, äh, Kapitel … und jetzt mach's gut. Auf Wiedersehen!«[136] Für sie besteht ein Buch nur aus seiner äußeren Form und nicht aus seinem Inhalt, was sie als außerhalb des Literaturbetriebs stehend und als unwissend in Bezug auf seine Mechanismen und Inhalte kennzeichnet. Doch Lisa, die sich durch ihre Detailfragen als Kennerin und Fan der Romane offenbart, ignoriert diesen Hinweis, da sie noch der auratischen Illusion erliegt, der echten Autorin gegenüberzustehen. Als Beweis für die Authentizität Francis' führt sie deren »inspirative Lebensgeschichte« an, die nicht erfunden sein könne: »Jeder weiß, dass Sie die Idee zu dieser Romanreihe hatten, nachdem eine Explosion in einer Bäckerei Sie von einem Doppeldecker-Bus geschleudert hat.«[137] Auch dies ist eine Anspielung auf Rowling, die die Idee zu *Harry Potter* auf einer Zugreise hatte, als Alleinerziehende zeitweise von Sozialhilfe gelebt hat und angeblich in einem Café schreiben musste, da sie sich die Heizkosten nicht habe leisten können.[138] Allerdings ist das wohl nicht als Kritik an Rowling zu verstehen, die diese Geschichte später relativier-

135 Vgl. J. K. Rowling Website. About J. K. Rowling. Biography.
http://www.jkrowling.com/en_GB/#/about-jk-rowling [03.01.2016].
136 TC 02:43–02:53.
137 TC 03:08–03:15.
138 Vgl. Feuerbach, Leonie: Harry-Potter-Café. Edinburghs tropfender Kessel. In: Website der Frankfurter Allgemeinen Zeitung. 20.06.2014. http://www.faz.net/aktuell/gesellschaft/elephant-house-edinburghs-tropfender-kessel-13000895-p2.html?printPagedArticle=true#pageIndex_2 [03.01.2016].
Vgl. auch Ebeling, Dieter: Joanne K. Rowling. Überleben in der Märchenwelt. In: Stern Website. 20.06.2003.
http://www.stern.de/kultur/buecher/joanne-k--rowling-ueberleben-in-der-maerchenwelt-3341052.html [03.01.2016].

te[139], sondern an jenen, die diese vermeintlich tragische Geschichte nutzten, um die *Harry Potter*-Romane zu vermarkten. Die Macher der Serie üben, indem sie eine überspitzte Lebensgeschichte anführen, Kritik an den Verfahren der Autoren-Vermarktung im Literaturbetrieb, die Personalisierung durch Hintergrundgeschichten umfassen: Ein Autor kann offenbar nur dann Erfolg haben, wenn die äußeren Umstände oder ein initialisierendes Ereignis ihn wie der buchstäbliche Musenkuss zu einer Geschichte inspiriert haben. Für den Leser wird so die Illusion geschaffen, jeder könne Autor werden und die erfolgreichen Autoren seien nahbare Menschen. Außerdem sei kein Buch mit dem Ziel entstanden, Profit zu machen und oft verkauft zu werden und niemand habe sich vorher überlegt, mit welchen Mitteln man möglichst viele Leser, die eben auch Käufer sind, erreichen könne.

Die Macher der Serie zerstören diese Illusion, die ihrer Auffassung nach kalkuliert und beabsichtigt ist, indem sie »T. R. Francis« im Folgenden schildern lassen, wie Jugendbestseller tatsächlich entstünden: »Oh, ich nehme Dir ungern Deine Illusionen, aber alle Bücher, die Ihr Kinder liebt, werden in Konferenzräumen geplant.«[140] Die Stimme der entlarvten Schauspielerin wird zum Voice-Over einer nun einsetzenden Visualisierung, von der nicht klar ist, ob sie der (SIMPSONS-)Realität entspricht oder der Vorstellung der desillusionierten Lisa entspringt, was ihre Überzeichnung erklären würde. Darin ist zu sehen, wie in einem Powerpoint-Vortrag die Erfolgs- und Profitfaktoren (die großen Dollarzeichen deuten das an) eines Jugendromans geschildert werden, zu denen offenbar Magie und eine weibliche Protagonistin mit englischem bzw. offenbar britischem Akzent – der *Harry Potter*-Verschnitt *Anjelica Button* – gehören.

»Die Handlung basiert auf Marktforschungsergebnissen und die Seiten werden gefüllt von Pillen fressenden Literaturstudiums-Absolventen, die verzweifelt einen Job suchen.«[141], fährt die Schauspielerin fort. Dazu ist auf der Bildebene zu sehen, wie junge, übermüdete Frauen in einem Großraumbüro tatsächlich Pillen nehmen und an Computern schreiben. Eine der Frauen fällt in Ohnmacht und wird sogleich durch eine neue ersetzt, der-

---

139 Vgl. Die Geschichte der JK Rowling. Die Frau hinter den Heiligtümern des Todes. In: Stern Website. 11.11.2010.
http://www.stern.de/kultur/film/die-geschichte-der-jk-rowling-die-frau-hinter-den-heiligtuemern-des-todes-3039054.html [03.01.2016].
140 TC 03:24–03:29.
141 TC 03:29–03:39.

weil die Bewusstlose von einem Hausmeister mit einem Wasserschlauch in RAMBO-Manier[142] fortgespült wird.

Dass es sich hierbei nicht nur um Spekulationen seitens der SIMPSONS-Autoren handelt, belegt der im Namen »Allied Books« direkt erkennbare Verweis auf die bereits erwähnte Firma »Alloy Entertainment«, die anscheinend ähnliche Methoden in der Realität anwendet. Dennoch befindet sich die Kritik hier auf mehreren Ebenen: Es wird der Eindruck erweckt, der gesamte Buchmarkt oder zumindest die Bestsellerproduktion großer Verlagskonzerne funktioniere auf diese Weise. Die aktuellen (Jugendbuch-) Bestseller basierten nur auf Marktforschung und würden von eigens dafür angestellten Ghostwritern geschrieben. »Alloy Entertainment« bzw. das Pendant »Allied Books« kann dabei als Pars pro Toto für die ganze Buchbranche stehen oder nur einen Ausschnitt darstellen. Für den Zuschauer wird die Frage aufgeworfen, ob die gezeigten Verhältnisse der Realität entsprechen. Ob es tatsächlich so einfach ist, Bestseller auf Marktforschung zu basieren, sei dahingestellt – Überraschungserfolge wie *Harry Potter, Twilight* oder *Fifty Shades of Grey* beweisen scheinbar das Gegenteil, da sich in deren Folge lediglich »Me-Too-Produkte« kalkulieren lassen. Dennoch stellt THE BOOK JOB die Behauptung auf, dem Literaturbetrieb seien nicht literarische Werke wichtig, sondern nur der reine und im Zuge der Kommerzialisierung vielseitig vermarktbare »Content«. Laut Richter scheint dies tatsächlich der Fall zu sein:

> *Vor allem aber bietet ein großer Konzern eine multimediale und international ausgerichtete Verwertungskette: So könnte ein im Hardcover erfolgreicher Roman auch im hauseigenen Taschenbuch-Verlag und dann als Hörbuch veröffentlicht werden. Denkbar ist zudem eine Verfilmung, eine Adaption als Graphic Novel und eine als onlinegestütztes Computerspiel – alles unter demselben Konzerndach. Literatur ist hier nicht als Sprachkunstwerk interessant, sondern als ›Content‹, den es in möglichst vielen Formen zu verwerten gilt.*[143]

Die Person, die hinter diesem Content steht, ist kein Autor bzw. Urheber mehr, der die Werkherrschaft innehat, sondern ein vor allem austauschbarer und zur Verfügungsmasse degradierter Textproduzent, für den der Verlag weder Verantwortung noch Sorge trägt.

---

142 Vgl. FIRST BLOOD (RAMBO, USA 1982) TC 13:58–14:23. Dies ist eine der zuvor erwähnten visuellen Anspielungen, die nicht in Zusammenhang mit der eigentlichen Handlung steht.
143 Richter: Der Literaturbetrieb, S. 83.

An die Stelle des einzig verantwortlichen Autors und des damit verbundenen Geniebegriffs tritt eine Gruppe von Autoren, deren kollektive Autorschaft aber durch eine fiktive Autorperson verschleiert werden muss. Denn offensichtlich stellt der Literaturbetrieb das Dogma auf, ein Text könne nicht ohne seinen Autor existieren[144], wie es sich auch in solchen Covergestaltungen zeigt, in denen der (bereits etablierte) Autorname größer ist als der Buchtitel selbst.[145]

Über diese Kritik am Literaturbetrieb hinaus spielt die Folge aber auch auf die eigenen Produktionsbedingungen der SIMPSONS an: So wie bei »Alloy Entertainment« eine Gruppe »spends days brainstorming in the conference room, in the manner of television writers developing a series.«[146], werden auch die SIMPSONS von einem Autorenkollektiv erschaffen. Die Macher lehnen in THE BOOK JOB also das Modell der kollektiven Autorschaft nicht von vornherein ab, sondern stellen die Frage, ob dieses Modell nicht ebenso berechtigt ist wie die klassische Vorstellung von Autorschaft.[147]

Lisa möchte infolge der desillusionierenden Erkenntnis, dass T. R. Francis nicht existiert, alle ihre Lieblingsbücher verbrennen. Obwohl sich weder der Inhalt noch die Tatsache, dass Lisa diese Bücher gefallen, geändert haben, trägt für sie, wie es wohl auch allgemein in der Gesellschaft der Fall ist, die Autorperson entscheidend zur Bedeutung der Bücher bei. Indem Lisa der vermeintlichen Autorin ebenjene große Bedeutung beimisst, erfüllt sie die Erwartungen des Verlages, aufgrund derer er absichtlich den wahren Ursprung der Bücher verschleiert hat. So fördert Lisa unbeabsichtigt dieses System des Leserbetrugs, das sie als verbrecherisch ablehnt[148], bzw. gibt ihm seine Existenzberechtigung.

<hr>

144 Die Diskussion um den »Tod des Autors« fand offensichtlich nur in der Literaturwissenschaft und angegliederten Disziplinen statt, nicht aber in der Populärkultur.

145 Stephen King ist nur ein markantes Beispiel dafür, wie Verlage explizit mit dem Autornamen werben, indem dieser einen großen Teil des Buchcovers einnimmt und im Falle von King sogar einen eigenen unverwechselbaren Schriftzug hat: Vgl. z. B. Random House Website. Bücher von Stephen King. http://www.randomhouse.de/Autor/Stephen-King/alleTitel108744.rhd [13.12.2015].

146 Mead: The Gossip Mill.

147 »Is writing something in a group just as valuable as writing something by yourself?«. Boucher: ›The Simpsons‹ and Neil Gaiman heist ›Twilight,‹ ›Hunger Games‹.

148 Vgl. TC 04:28–04:50: Lisa zu Homer: »Unfassbar, dass Verleger ihre Leser belügen, um schnell eine Million Dollar zu machen.« – Homer: »Eine Million Dollar!« – Lisa: »Jedes Buch auf der Jugendbestsellerliste wird von fünf Idioten geschrieben, die Kinder ausnutzen wollen.« – Homer: »Ich kenne fünf Idioten.« – Lisa: »Und dann lösen sie einfach ihre Schecks ein und kommen jedes Mal ungeschoren davon. Es ist das perfekte Verbrechen, solange es Dir nichts ausmacht, junge, zarte, verwundbare Geister zu betrügen.«

In dem nun folgenden Dialog zwischen Lisa und Homer zeigt sich der Doppelcharakter des Buches: Während Lisa nur das Kulturgut Buch sieht, dessen Herstellung nicht auf Profit ausgelegt sein darf, sondern nur den reinen, wahren Inhalt fördern soll, denkt Homer, wie auch Konzerne wie »Allied Books«, ausschließlich an die Ware Buch, deren Inhalt nichtig ist, solange sie sich gut verkauft. Daher möchte er selbst gemeinsam mit »fünf Idioten« einen profitablen Bestseller schreiben und damit »Kinder über den Tisch [ziehen], die lesen«.[149] Dass Bücher meist beide Zwecke des Kulturguts und der Ware erfüllen, sehen weder Lisa noch Homer.

6.2 Homers »Jugendbuchschreibgang«

Der anschließende zweite Akt der Handlung ist klar als kritikloser Pastiche auf den Film OCEAN'S ELEVEN (USA 2001) und andere sogenannte Heist-Movies erkennbar. Sowohl die Zwischentitel wie »Der Buch-Job« oder »Das Team« mit entsprechender musikalischer Untermalung, als auch die schnelle Sprechweise, wenn Homer Bart rekrutiert, die vermeintlich raffinierten Sprachbilder und die Anspielungen auf »Kansas City« und andere Begriffe, die nur die Figuren verstehen, die dem Zuschauer aber unverständlich bleiben, weisen auf dieses filmgeschichtlich etablierte Sub-Genre des Kriminalfilms hin: Darin steht die Durchführung eines kriminellen »Coups«, beispielsweise eines Bankraubs, im Mittelpunkt. Der Zuschauer sympathisiert mit den meist als Gentlemen auftretenden »Gangstern«, die den detailliert dargestellten Coup mithilfe ungewöhnlicher Einfälle innerhalb komplizierter Handlungsstränge durchführen. Die gesamte Dramaturgie von THE BOOK JOB, die sich so auch von anderen SIMPSONS-Folgen unterscheidet, wie auch der Folgentitel[150] sind an solche Filme angelehnt. Dieser Pastiche hat grundsätzlich wenig Auswirkung auf die Bewertung von Autorschaft und Literaturbetrieb und ist daher für die folgende Analyse vernachlässigbar. Dennoch lässt sich aus der Wahl dieser Inszenierungsweise eine Aussage ablesen: Dem Modell der kollektiven Autorschaft, wie sie Homer nach Vorbild von »Allied Books« betreiben will, wird Kriminalität unterstellt, da damit der Leser bzw. Käufer zum eigenen Vorteil der Autorengruppe bewusst getäuscht wird. Dennoch liegen die Sympathien des Zuschauers bei Homers Sieben. Er hat wie die Gruppe den Wunsch, dass das gemeinsame

---

149 TC 05:08–05:10.
150 Dieser erinnert an Filme wie BANK JOB (THE BANK JOB, GB, USA, AUS 2008) oder THE ITALIAN JOB – JAGD AUF MILLIONEN (THE ITALIAN JOB, USA, F, GB 2003).

Buch herausgebracht und so der später auftretende, noch niederträchtigere Verleger (Originalstimme: Andy García[151]) in die Schranken verwiesen wird.

Homer braucht für seinen Jugend-Fantasy-Roman nicht das eine Autorengenie, das alle benötigten Fähigkeiten in sich vereint. Stattdessen rekrutiert er eine Gruppe, in der verschiedene Talente zusammenkommen, die gerade durch die Arbeitsteilung zum Gelingen des Buches beitragen: Skinner kennt als Schulleiter die Zielgruppe, Patty ist mit dem Fantasy-Genre vertraut, Moe als vormaliger Kinderbuchautor kennt die literarische Form und Arbeitsweise und Prof. Frink hat das technische Know-how (auf Neil Gaiman als Teil der Gruppe wird in Kapitel 6.6 näher eingegangen). Homer und Bart überreden sie nicht nur, indem sie eben diese Persönlichkeitsprofile und Talente loben, die die vier befähigen, Teil der Gruppe zu werden, sondern auch, indem sie die monetären Aussichten herausstellen. Der Profit steht immer noch im Vordergrund, dennoch sind auch die Strategie und der kreative Input wichtig, mit dem sie dorthin gelangen.

Dazu analysiert die Gruppe bereits vorhandene und erfolgreiche Fantasy-Bücher. Sie zeichnet die üblichen gemeinsamen Grundzüge dieses Genres nach, in denen der Held immer eine Waise ist und sich in den jugendlichen Lesern vertrauten Orten bewegt – womit Skinner direkt den Grund für diese Anlage des Handlungsortes erklärt – und herausfindet, dass er übernatürliche Kräfte hat. Das trifft auf *Harry Potter* und teilweise auch auf Fantasy-Reihen wie *Percy Jackson* zu und ist eine Tatsache, die auch am Literaturbetrieb uninteressierten SIMPSONS-Zuschauern bekannt sein dürfte. Homer, der offenbar keinerlei Kenntnis der Buchbranche hat, schlägt vor, ein Buch über einen Vampir zu schreiben. Damit teilt er wohl ein Problem realer Autoren: Selbst wenn es seine eigene Idee ist, dieses Buch zu schreiben, muss er die Urheberschaft an seinem geistigen Eigentum in Abgrenzung zu allem bereits auf dem Buchmarkt Existierenden beweisen. Und das ist – in der Realität wie auch im SIMPSONS-Universum, da allerdings überspitzt dargestellt – eine Fülle an Vampirromanen. Dieses Genre gibt es schon länger (man denke an *Dracula* [1897] oder *Interview mit einem Vampir* [1994]), hat aber durch die *Twilight*-Reihe einen neuen Aufschwung erfahren, der viele der das Erfolgsrezept nutzenden »Me-too«-Produkte nach sich zog.[152] Diese wollen innovativ erscheinen, indem sie das bewährte Vampirthema in ver-

---

151 Andy García spielte bei OCEAN'S ELEVEN den Casino-Besitzer Terry Benedict, den Danny Ocean (George Clooney) und seine Gruppe ausrauben wollen.
152 Vgl. Zeman: Literarische Moden, S. 119.

meintlich neue Umwelten transferieren.[153] Das Vampir-Genre ist zu einer literarischen Mode geworden, wie sie Mirna Zeman beschrieben hat, die die Simpsons parodistisch aufgreifen, in die sie sich aber auch eingliedern, da Nachahmung und Kritik Teil einer Mode sind.[154]

»Ok, das Vampir-Genre ist ausgelutscht. Das heißt, wir müssen nur ein neues Monster für unseren Helden finden.«[155], stellt Bart fest. Auch die Gruppe möchte dem Jugendroman-Rezept nur eine neue Zutat hinzufügen, damit ihre Idee als neuartig gelten kann. Und in diesem Moment bekommt sie den entscheidenden Impuls von außen, der Teil von Lisas Vorstellung eines wahren Autors ist und auch Element der Täuschung der Verlage an ihren Lesern: In der Buchhandlung, in der sich die Gruppe getroffen hat, halten Kinder Moe für einen Troll, weshalb die Gruppe ihre Vampirgeschichte in eine Trollgeschichte umwandeln möchte. Auch ein Autorenkollektiv kann also eine »inspirative (Lebens-)Geschichte« haben. Das Autorgenie hat keinen alleinigen Anspruch auf eine solche Inspiration, von der ausgehend eine Geschichte entwickelt wird, die im Fall der Gruppe um Homer mit der Highschool doch wieder an *Twilight* und mit dem »Quidditch«-ähnlichen Spiel »Fuzzlepitch« an *Harry Potter* erinnert.

Mit dem im Folgenden dargestellten Schreib- und Ideenfindungsprozess in Gestalt u. a. einer Mindmap wird auf das Worldbuilding[156] in der Fantasy hingewiesen, das in diesem Fall auf einfache, schematische Weise darin besteht, alle Elemente einer Highschool-Geschichte in die Troll-Realität zu transferieren. Ein System, das auch in den Simpsons angewandt wird, in denen – neben Dingen, die aus der Zuschauer-Realität stammen – z. B. der Krusty-Burger als Pendant zu McDonald's und Burger King existiert, wie auch der *Playdude* eine Anspielung auf den *Playboy* ist oder das Duff-Bier eine nur im Simpsons-Universum existente Biermarke ist. Auf diese Weise greifen die Simpsons-Autoren auch die eigene Serien-Konzeption auf, ohne sie explizit zu bewerten.

---

153 Dies wird in den Simpsons mit ganzen Regaltiteln für die verschiedenen Vampir-Subgenres auf die Spitze getrieben. Vgl. TC 08:31–08:35: »Vampire Cheerleaders«, »Vampirates«, »Southern Vampires«, »Vampire Frankensteins«, »Vampire Babysitters«, »Vampire Princesses«.

154 Vgl. Zeman: Literarische Moden, S. 120. Vgl. auch Kapitel 2.1.

155 TC 08:51–08:57.

156 Worldbuilding bzw. die Storyworld ist »Die Fähigkeit, eine Welt zu erschaffen, oder – genauer gesagt – die Fähigkeit, die mentale Repräsentation einer Welt anzuregen« Ryan, Marie-Laure: Transmediales Storytelling und Transfiktionalität. In: Medien Erzählen Gesellschaft. Transmediales Erzählen im Zeitalter der Medienkonvergenz (Media Convergence 2). Berlin: de Gruyter 2013, S. 88–117, hier S. 90.

Das Ende des Buches, wie Skinner es vorliest, nachdem dem Zuschauer der Schreibvorgang im Akkord gezeigt wurde, lässt auf eine bevorstehende Fortsetzung schließen, was im Trend der Fantasy-Reihen steht. Auch der von Homer angesprochene »Steampunk« scheint ein zumindest in einer Nische beliebtes Subgenre der Fantasy zu sein. Obwohl Homer nichts darüber weiß, soll es als vermeintlicher Erfolgsfaktor zum Profit beitragen, der für Homer immer noch das Wichtigste an seinem Werk ist.

Offenbar glaubt die Gruppe, der Autor eines Buches – in diesem Fall das Kollektiv – habe ein voll umfassendes Mitspracherecht an seinem Werk, auch was die in Wirklichkeit dem Verlag obliegenden Entscheidungen über Titel und Cover, das Prof. Frink gestaltet, betrifft. Dass der Autor die Nutzungsrechte an den Verlag abtritt, in welchem Umfang kann dabei variieren, ist ihr, wie wahrscheinlich auch vielen Lesern, die an den allmächtigen Autor glauben, nicht bewusst.

Der Verleger von »TweenLit. Inc«, dem die Gruppe auf der Springfielder Buchmesse ihr Buch anbietet, blättert es kurz von hinten nach vorne durch, um dann festzustellen: »Das ist ein wirklich gutes Buch.«[157] Der bereits eingeschlagenen Linie folgend wird Verlegern vorgeworfen, sich nicht für den Inhalt eines Buches zu interessieren, sondern nur für die Idee dahinter und ob sich diese verkaufen lässt. Also nicht, wie eigentlich zu erwarten wäre, inhaltlich-qualitative Faktoren zu überprüfen, sondern nur wirtschaftliche. Doch allen – behaupteten – Mechanismen im Literaturbetrieb zum Trotz (Ghostwriting, kollektive Autorschaft) und dem Dogma entsprechend braucht das Buch immer noch einen Autor mit einer im Sinne des Biografismus[158] persönlichen Verbindung zu seinem Werk, um als solches anerkannt werden zu können. Im Zuge dieser Erkenntnis wird auch Stephen King als Pseudo-Autor benannt[159] – eine Behauptung, die sich nicht beweisen lässt, die aber darauf anspielt, dass King pro Jahr mehrere Bücher schreibt, was auf die Produktion durch ein Ghostwriter-Team schließen ließe. Auch wenn seine Bücher tatsächlich von ihm geschrieben wurden, so folgen sie doch, ob bewusst oder unbewusst, bestimmten Mustern, bzw. einem bestimmten Stil, die nachahmbar sind und die sich Verlage daher zunutze machen können. Das Problem des fehlenden Pseudo-Autors kann die Gruppe aber schnell beheben.

---

157 TC 12:25– 12:27.
158 Vgl. Tomaševskij: Literatur und Biographie. Vgl. auch Kapitel 3.
159 Vgl. TC 12:37.

6.3 Lisas Vorstellung vom Autorengenie

Während Homers Gruppe ihr Buch schreibt, hat Lisa nämlich einen anderen Weg eingeschlagen: Sie hat die idealistische Vorstellung eines umfassend befähigten Autorengenies und kann einem von einer Gruppe geschriebenen Roman keinen künstlerischen Anspruch zuerkennen. Lisa verurteilt Homers Erwartungen an einen durch reine Kalkulation erzeugten Bucherfolg und übersieht gleichzeitig, dass auch Berufsautoren Bücher schreiben, um davon leben zu können. Darauf weist Bart sie mit der Erwähnung des bei den SIMPSONS immer wieder auftauchenden William Shakespeare hin, der offenbar Lisas Nonplusultra eines Autorengenies ist. Für sie hat nur ein Buch mit einer »persönliche[n] Story, mit der sich der Leser identifiziert«[160] einen Wert. Indem sie Lisa ihr idealistisches, aber naives Ziel, selbst einen Roman zu schreiben, verfolgen lassen, prangern die SIMPSONS-Autoren ein ihrer Meinung nach offenbar auch durch den Literaturbetrieb forciertes Autorenbild an: das Bild eines Autors, dem die Ideen zufliegen und der ohne Konzept oder Recherche einen Roman verfassen kann und sich selbst dabei zügeln muss, um nicht ohne Pause immer weiter zu schreiben. Berichte von kanonisierten Autoren wie z. B. Thomas Mann, der sich jeden Tag zu einer bestimmten Uhrzeit zum Schreiben hingesetzt hat[161], haben dieses Bild geprägt. Doch Lisa ereilt die ebenso berühmte Schreibblockade[162] und fortan schiebt sie ihr Buchprojekt immer weiter auf, ohne eine einzige Zeile zu verfassen.

In einer Split-Screen-Montage im Stile der Heist-Movies werden der Schreibprozess der Gruppe und Lisas Versuche, mit dem Schreiben zu beginnen, gezeigt. Durch diese Gegenüberstellung und parodistische Überhöhung von Lisas Ablenkungsversuchen wird noch einmal deutlich, dass Homers Schreibmodell offenbar das ertragreichere ist. Bei der heutigen Fülle an Büchern – allein in Deutschland gab es 87.134 neue Titel im Jahr 2014[163] – fällt es Lisa schwer, eine eigene, innovative Geschichte zu schreiben. Lisas Idee zu einer kleinen Meerjungfrau wurde bereits umgesetzt, womit Roland Barthes' Behauptung, ein Schreiber könne nichts Originelles mehr schaffen

---

160 TC 07:19–07:22.
161 Vgl. Klonovsky, Michael: Der Bürger als Dichter. In: Focus Online. 02.12.2006.
    http://www.focus.de/magazin/biografien/edition_aid_26714.html [03.01.2016].
162 Vgl. Wegmann: Autor, S. 30.
163 Vgl. Website des Börsenvereins des Deutschen Buchhandels. Buchproduktion.
    http://www.boersenverein.de/de/portal/Buchproduktion/658140 [31.12.2015].

und schöpfe aus einem »Gewebe von Zitaten aus unzähligen Stätten der Kultur«[164], bestätigt wird.

Indem der auf das Gespräch der Gruppe mit dem Verleger folgende Umschnitt auf Lisa erfolgt, wird klar, dass sie der von Bart gesuchte »peinliche Möchtegern-Autor«[165] ist. Ihre Hoffnung, ohne Recherche und Beeinflussung eines Verlages ein persönlich geprägtes Werk mit einer tieferen Bedeutung erschaffen zu können, wird der Lächerlichkeit preisgegeben. Das Modell der kollektiven Autorschaft hat gesiegt – zwar nicht auf einer moralischen Ebene, da es immer noch verschleiert wird und damit als unlauter gelten kann, dafür aber auf der Ebene des finanziellen Erfolgs. Und Lisa strebt diesen auch an, da sie die Entscheidung, der Pseudo-Autor der Gruppe zu werden, trifft, nachdem sie die Aussicht erhält, dass ihr Name auf einem Buch steht. Auch ihr geht es nicht nur darum, den Lesern selbstlos ein Leseerlebnis zu bieten, sondern auch, selbst durch dieses Werk und die von ihm ausgehende Aura berühmt zu werden. Genau wie Bart[166] glaubt auch Lisa an die Legitimation, die der Platz auf der Bestsellerliste ermöglicht. Die erfundene Lebensgeschichte des »literarische[n] Wunderkind[es]«[167] kann denn auch nicht abstrus genug sein, um neue Leser zu erreichen.

6.4 Verlagsstrategien

Mit der Annahme des Vorschusses über eine Million Dollar tritt die Gruppe offenkundig unbewusst alle Nutzungsrechte an ihrem Buch ab. THE BOOK JOB klammert hier bewusst sowohl Verhandlungen zwischen Autor und Verlag, als auch Lektorat und Korrektorat aus, um herauszustellen, mit welch angeblich betrügerischen Methoden die Verlage vorgehen, um die fabrikmäßige Produktion von Bestsellern ohne eingehende Prüfung derselben sicherstellen zu können.

Aus diesem Grund ändert der Verlag die Geschichte auch in eine mit höherer Wahrscheinlichkeit gut absetzbare Vampirgeschichte um und nutzt so den zuvor entstandenen Hype als Marketingstrategie.[168] Aus dieser Wendung

---

164 Barthes: Der Tod des Autors, S. 190.

165 Vgl. TC 12:58–13:02. Dass Lisa kurz darauf entdeckt, dass sogar ein Hund einen Bestseller schreiben kann, zeigt ihr nicht nur ihr eigenes Unvermögen, sondern auch dem Zuschauer, auf welche Spitzen es die Buchbranche manchmal treibt, um neue Leser zu gewinnen. Die nach Auffassung der SIMPSONS-Autoren offenbar auch vieles glauben, was der Literaturbetrieb ihnen weismachen will.

166 »Das ist gut. Der Stoff hat echt Bestseller-Potential.« Vgl. TC 11:12–11:16.

167 Vgl. TC 13:38–13:55. Die Geschichte ist wohl eine Anspielung auf Nachwuchswettbewerbe und damit verbundene Literaturpreise, durch die neue literarische Talente entdeckt werden sollen.

168 Vgl. Zeman: Literarische Moden, S. 126.

der Ereignisse lassen sich mehrere Ansichten der SIMPSONS-Autoren herauslesen: Erstens sind es neben den behaupteten Ghostwritern tatsächlich Verleger und Lektoren, die Bücher – auch die *Twilight*-Reihe – so schreiben, dass sie ein großes Publikum erreichen, was dem Autor noch mehr Bedeutung und Verantwortung abspricht.[169] Zweitens gibt es aufgrund solcher Sicherheitsentscheidungen von Verlagen, ein nach Schema F geschriebenes Buch durch geringfügige Änderungen in ein anderes Genre umzusetzen, keine große Auswahl auf dem Markt, weshalb es auch nur eine Nachfrage nach dieser Art Bücher gibt. Die Anmerkung des Verlegers: »Hey, wenn Sie keine Änderungen wollen, schreiben Sie ein Drehbuch. Ihr Buch gehört uns. Wischen Sie sich Ihre Tränen mit Ihrem Million-Dollar-Scheck ab.«[170], kann erneut als Anspielung auf die eigenen Produktionsbedingungen der SIMPSONS verstanden werden: Denn tatsächlich können auch Drehbuchautoren durch ihre Geldgeber, also Fernsehsender, Produzenten und zumindest in Deutschland die Filmförderungen, in ihrer kreativen Entfaltung eingeschränkt werden.

Schließlich weist der Verleger die Gruppe darauf hin, dass sie nur eine von zwei Möglichkeiten wahrnehmen kann: Der Preis für den finanziellen Erfolg ist der Verrat am eigenen literarischen Ideal. Diese Erkenntnis führt für das Team dazu, dass es die Urheberschaft an und die Werkherrschaft über sein Buch anerkennt und dadurch Lisas Ideal eines richtigen Autors erfüllt. Das Modell der kollektiven Autorschaft hat nun auch auf der moralischen Ebene gesiegt, da die Gruppe den von Neil Gaiman (vgl. Kapitel 6.6) angesprochenen »Autorenstolz«[171] empfindet und bereit ist, ihr Werk gegen die betrügerische Vermarktung durch den Verleger zu verteidigen. Die kollaborative Autorschaft schließt das Urheberrecht und die Verantwortung für das eigene Werk nicht aus.

6.5 Sieg des Modells der kollektiven Autorschaft

Die Gruppe beschließt, ihr Buch in Heist-Movie-Manier zurück zu stehlen, was in der serientypischen Verkürzung des Veröffentlichungsvorgangs auch

---

169 Exemplarisch in der Realität ist dafür der Fall von Raymond Carvers Lektor, der entscheidend verantwortlich für dessen Geschichten und Schreibstil war. Vgl. Ingendaay, Paul: Sein Lektor machte ihn zum Markenartikel. In: Website der Frankfurter Allgemeinen Zeitung. 27.04.2012. http://www.faz.net/aktuell/feuilleton/buecher/buecher-der-woche/raymond-carver-beginners-sein-lektor-machte-ihn-zum-markenartikel-11732654-p2.html?printPagedArticle=true#pageIndex_3 [14.12.2015].

170 TC 15:30–15:37.

171 Vgl. TC 15:44–16:07. Dass diese Erkenntnis von melancholischer Musik unterlegt an einen gefühligen Moment in einem Melodram erinnert, ist sicherlich beabsichtigt, um auch hier die idealistischen Vorstellungen noch einmal ironisch zu brechen.

möglich ist: Ein einziger USB-Stick genügt hier, um die Buchdateien auszutauschen (was beispielsweise aufgrund verschiedener Formate, von der Druckerei benötigter Dateigrößen etc. nicht so leicht möglich sein dürfte) und das fertige Buch wird nach dem Druck direkt an den Buchhandel geliefert (Ankündigungen im Verlagsprogramm, der zumindest in Deutschland wichtige Zwischenbuchhandel und auch Online-Händler wie Amazon werden übersprungen). Doch Lisa hat scheinbar die Seiten gewechselt: Jetzt ist sie es, die den Verlockungen des Profits erliegt und ihre Freunde für den erwartbaren Reichtum verrät. Ihr Konterfei auf Pappaufstellern entspricht dabei klischeehaften Darstellungen intellektueller Autoren: Sie ist mit Lesebrille, Stift hinter dem Ohr und geflickter Wolljacke ausgestattet und soll so ein Image erfüllen. Der Verleger denkt die Verwertungskette des Contents schon weiter und spricht von einem Hörbuch.

Letztendlich gelangt aber doch das ursprüngliche Troll-Buch in die Buchhandlung und das Team behält mit seiner Variante des bewährten Genre-Schemas Recht: Die Kinder lesen die Geschichte begeistert und scheinen doch nicht daran interessiert zu sein, wessen Autorenporträt sich auf dem Umschlag befindet.[172] Bei der Gegenüberstellung, die THE BOOK JOB zwischen dem autonomen Autor nach Lisas Vorstellung und dem zunächst nur am finanziellen Erfolg interessierten Autorenkollektiv vorgenommen hat, gewinnt das Autorenkollektiv, dem auch Werksherrschaft und Urheberschaft zugesprochen wird im Sinne von Matt Selmans Ansicht:

> *It's about writing as a team, [...] and the question in there is, ›Is writing something in a group just as valuable as writing something by yourself?‹ I've been with ›The Simpsons‹ for 15 years and everyday it's been pretty much writing as a team. We're proud of what we've done even if it's not the traditional idea of one writer sitting down with a passion and a vision. In a strange way this episode ends up as a defense of writing in a group and celebrating the way it makes you feel connected to the work and to the people in that group in ways you didn't expect. It's all about a writers [sic!] room ... and you know, in the story, Homer's cynical heist team does end up being **incredibly productive**.*[173]

Nicht dieses Modell mehrerer Autoren, wie es auch bei den SIMPSONS-Machern der Fall ist, wird kritisiert und es geht auch nicht darum, die Literatur

---

172 Vgl. TC 19:33–19:42.
173 Boucher: ›The Simpsons‹ and Neil Gaiman heist ›Twilight,‹ ›Hunger Games‹.

an sich vorzuführen. THE BOOK JOB kritisiert die Methoden der Verlage, die Content-Produktion über den literarischen Anspruch zu stellen und die Leser mit erfundenen Autoren und durch Marktforschung ermittelte Themen zu täuschen.

6.6 Neil Gaiman

Der an das Brainstorming der Gruppe direkt anschließende, plötzliche Auftritt des in der Realität bekannten Fantasy-Autors Neil Gaiman[174] ist Teil der Selbstinszenierung seiner realen Autorperson, da Gaiman sich mit seiner Darstellung innerhalb des SIMPSONS-Universums einverstanden erklärt, wenn er sich selbst synchronisiert. Indem er sich lächerlich machen lässt, beweist er Selbstironie, was ihm Sympathien einbringen kann, und er wird dem großen SIMPSONS-Publikum bekannt. Die negative Inszenierung innerhalb der Folge kann somit einen positiven Einfluss auf seine Reputation außerhalb der SIMPSONS haben.

Gaimans Motive, die Gruppe zu unterstützen, werden zunächst nicht deutlich. Er weist auf seine Erfahrung hin, die ihn zur »wertvolle[n] Ergänzung«[175] des Teams mache, indem er auf einen Aufsteller mit seinem Konterfei und einigen seiner Bücher zeigt. Diese beweisen seinen Erfolg, seine Bekanntheit im Literaturbetrieb und dass seine Autorperson, repräsentiert in seinem Abbild, stellvertretend für sein Werk steht. Daraus lassen sich allerdings nicht direkt Aussagen über die Güte seines Schreibstils und seine Kenntnisse der Buchbranche ableiten.[176] Auch hier zeigt sich, dass nach Auffassung der SIMPSONS-Autoren für den Literaturbetrieb der literarische Wert des Buchinhalts, die Kunst, zweitrangig ist, solange ein Autor in den Medien präsent ist und sein Werk sich gut verkauft. Seine schwarze Kleidung, auf die mehrfach hingewiesen wird, gehört zur Selbstinszenierung dazu.

Dass Gaiman aber nur innerhalb des literarischen Feldes Bedeutung hat, zeigt Barts Reaktion auf ihn: »Sie sind dabei, Gaiman. Sie besorgen uns das

174 Vgl. TC 09:26–09:44. Gaiman ist tatsächlich der Autor des hier von Moe erwähnten Comics *The Sandman Teil Eins Präludien und Notturni*, sowie einiger erfolgreicher (Fantasy-Jugend)-Romane wie *Coraline* oder *Der Sternwanderer*. Vgl. Amazon Website. Neil Gaiman. http://www.amazon.de/Neil-Gaiman/e/B000AQ01G2/ref=sr_ntt_srch_lnk_2?qid=1452102800&sr=1-2 [14.12.2015].

175 TC 09:47–09:52.

176 So wie auch eine Bestsellerliste nichts über den Inhalt und künstlerischen Gehalt eines Buches aussagt. Man denke beispielsweise an *Fifty Shades of Grey*, das sich sehr gut verkauft hat, dem aber ein recht einfacher Schreibstil nachgesagt wird.

Essen und bloß nichts Gesundes.«[177] Bart lehnt die Expertise des Autors ab, weil er als Außenstehender des Literaturbetriebs dessen Werk nicht kennt. Außerdem hält sich die Gruppe aufgrund ihrer durch Marktforschung erlangten Kenntnisse über das Fantasy-Genre bereits selbst für richtige Autoren. Die Profession des Autors ist kein Ausbildungsberuf, weshalb weder Gaiman noch die Gruppe Zeugnis über ihre Qualifikation ablegen müssen. Indem Gaiman sich am Ende der Folge selbst als talentloser Betrüger herausstellt, der weder lesen noch schreiben kann, schließt die Folge auf überraschende Weise ab. Sie dient so indirekt als Beweis dafür, dass der reale Gaiman ein authentischer Autor sein muss, wenn er gemeinsam mit den Simpsons-Autoren den Literaturbetrieb und Fragen der Autorschaft parodiert. Außerdem wird gezeigt, wie sehr das Autorenporträt als Legitimation für ein Buch und Beweis der Autorschaft dient, da Gaimans Porträt auf dem Umschlag ausreicht, um ihn als vermeintlichen Urheber des Troll-Buches auszuweisen.

6.7 Visuelle Anspielungen auf Literaturbetrieb und Autoren

In Pattys Bücherregal, das während ihrer »Rekrutierung« zu sehen ist und das sie gemeinsam mit ihrer Kenntnis verschiedener Fantasy-Sprachen wie »Parsel« und »Dothraki«[178] als Kennerin des Genres ausweist, befindet sich neben Anspielungen auf berühmte Fantasy-Reihen wie *Percy Jackson* und *Die Chroniken von Narnia*[179] mit *You Are So Not Invited To My Wiccan Naming Ceremony* auch ein direkter Hinweis auf den *New Yorker*-Artikel über »Alloy Entertainment«.[180]

---

177   TC 09:57–10:01. Im Original fordert er Gaiman sogar auf, seinen britischen Akzent zu verlieren. Bart greift ihn auf einer persönlichen Ebene an und interessiert sich nicht für die Autorperson Gaimans. Vgl. IMDb Website. The Simpsons. The Book Job. Quotes. http://www.imdb.com/title/tt2090363/quotes?ref_=ttcnn_sa_4 [14.12.2015].

178   Vgl. TC 06:03: »Parsel« ist bei *Harry Potter* die Sprache der Schlangen, die Harry und sein Widersacher Lord Voldemort beherrschen, und die sich eigentlich nicht auswendig lernen lässt, da nur wenige Sätze darin gesprochen werden. »Dothraki« ist eine Sprache in *Das Lied von Eis und Feuer*, das als Fernsehserie Game of Thrones neue Bekanntheit erlangt hat. Die Erwähnung beider Buchreihen weist auf das Worldbuilding in Fantasy-Romanen hin, das eigene Sprachen, Geografien und Historien umfasst, und dessen Inhalt leidenschaftliche Fans bestrebt sind, so genau wie möglich zu kennen.

179   Vgl. TC 06:05: Gemeint sind hier *Percy Sledge and the Olympians* als Verballhornung von *Percy Jackson and the Olympians* und *Booze Cruise of the Dawn Treader* als Anspielung auf den sechsten *Narnia*-Band *The Voyage of the Dawn Treader*. Abgesehen von dem Wortspiel weist auch der Titel *Cloud Atlas 2: Cumulus Rising* auf das offensichtliche Bestreben des Literaturbetriebs hin, einem erfolgreichen Buch unbedingt eine Fortsetzung nachfolgen zu lassen, auch wenn der Inhalt eigentlich bereits nach einem Roman abgeschlossen wäre.

180   Nämlich auf deren nur mäßig erfolgreichen Nischen-Coming-of-Age-Roman *You Are So Not Invited to My Bat Mitzvah!* Vgl. Mead: The Gossip Mill.

Auch auf der Springfield Buchmesse[181] befinden sich verschiedene Referenzen auf Filme und Bücher, z. B. mit *To Hug A Scoundrel* auf sogenannte Groschenromane. Das Plakat zu *The Frying of Lotke 49* ist nicht nur eine Anspielung auf Thomas Pynchons Roman *The Crying of Lot 49*, sondern verweist auch auf die frühere Folge ALL'S FAIR IN OVEN WAR (DIE GEHEIME ZUTAT, St. 16, Ep. 2, USA 2004), in der Thomas Pynchon auftaucht und dieses Buch erwähnt (vgl. zu Pynchon Kapitel 7). Außerdem findet sich hier ein Plakat zu dem tatsächlichen Buch *How I Became A Famous Novelist* von Steve Hely, das ebenso wie die SIMPSONS-Folge beschreibt, wie sein Protagonist durch Marktforschung und ohne eigene Ideen zum Autor wird.[182]

181 Vgl. TC 12:10–12:18.
182 Vgl. IMDb Website. The Simpsons. The Book Job. Trivia.
    http://www.imdb.com/title/tt2090363/trivia?ref_=ttqu_sa_1 [14.12.2015]. Vgl. auch Amazon Website.
    How I Became a Famous Novelist.
    http://www.amazon.com/How-I-Became-Famous-Novelist/dp/0802170609 [14.12.2015].

7 LITERATURBETRIEB UND AUTORSCHAFT IN ANDEREN FOLGEN

Seinen ersten Auftritt bei den SIMPSONS hatte Thomas Pynchon in der Folge DIATRIBE OF A MAD HOUSEWIFE (FANTASIEN EINER DURCHGEKNALLTEN HAUSFRAU, St. 15, Ep. 10, USA 2004), in der Marge ein *Moby Dick*-ähnliches autobiografisches Buch verfasst. Pynchon – wie immer bei den SIMPSONS mit Fragezeichen-Tüte über dem Gesicht – soll einen Kommentar zu dem Buch abgeben: »Here's your quote: Thomas Pynchon loves this book. Almost as much as he loves cameras.«[183] Darauffolgend hängt er sich ein Schild mit seinem Namen um und wirbt dafür, mit ihm Fotos schießen und sich Autogramme abholen zu können. Dieser im Original von Pynchon selbst gesprochene Gastauftritt ist nur verständlich, kennt der Zuschauer den Mythos um den medienscheuen Pynchon.[184] Die SIMPSONS-Autoren greifen diesen satirisch auf, da laut Regisseur Silverman Pynchons Aufenthaltsort gar nicht so unbekannt ist und ihm der Mythos eher von außen auferlegt wurde.[185]

Auch in der Episode MOE'N'A LISA (DAS LITERARISCHE DUETT, St. 18, Ep. 6, USA 2006) hat Pynchon einen kurzen, textlosen Auftritt. In dieser Folge wird Barkeeper Moe zum gefeierten Autor, nachdem Lisa als eine Art Ghostwriterin seine unsortiert aufgeschriebenen Gedanken neu (und augenscheinlich sinnlos) arrangiert und an eine Literatur-Zeitschrift schickt. Auf einem Literatur-Festival in Vermont treffen die Simpsons und Moe u. a. auf Tom Wolfe und es kommt zu einer Schlägerei zwischen den realen Autoren Michael Chabon und Jonathan Franzen. Damit werden nicht nur ebenfalls die oftmals bedingungslose Verehrung von Autoren in der Öffentlich-

---

183 Zit. nach: Thomas Pynchon The Simpsons Book Endorsement. In: YouTube. https://www.youtube.com/watch?v=QcYXWfGt7DY [01.01.2016].
184 Vgl. Tschiggerl/Walach: Introduction, S. 15.
185 Vgl. Rauscher: »Das würde ich nicht unbedingt subversiv nennen.«, S. 29.

keit und durch die Literaturkritik, sondern auch deren Selbstinszenierung bei Lesungen und ähnlichen Veranstaltungen parodiert.

8 KRITIK AN AUTORSCHAFT UND LITERATURBETRIEB – ZIELFÜHREND UND BERECHTIGT?

Trotz der satirischen Überhöhung der Folge THE BOOK JOB stimmen doch einige der darin gemachten Aussagen weitestgehend mit der Realität überein: Die Kritik am Literaturbetrieb, er sei auf Kommerzialisierung zu Ungunsten der literarischen Werte ausgerichtet, bestätigen die SIMPSONS-Macher in ihrer Version der Wahrheit. Im Sinne der Kulturindustrie schafft hier der Betrieb Unterhaltung zur Unterwerfung des Konsumenten, indem dieser zum Vorteil der Verlage getäuscht wird. Die Episode bestätigt Bastings Ansicht, die Platzierung eines Buches auf der Bestsellerliste legitimiere es, ohne dass inhaltliche Maßstäbe angelegt werden müssen[186], nicht nur durch die eigene Darstellung, sondern auch durch das Anführen auf diesem Prinzip aufbauender tatsächlicher literarischer Moden bzw. Hypes (z. B. *Twilight*).

Auch wenn eine Million Dollar etwas hoch angesetzt zu sein scheint, so ist ein solcher Vorschuss vom Verlag an den Autor für einen erwartbaren Bucherfolg wohl durchaus üblich. Zwar wird der Veröffentlichungsvorgang eines Buches verkürzt dargestellt (neben Lektorat, Zwischenbuchhandel und Amazon, werden auch die in den USA besonders wichtigen Literaturagenten ausgeklammert), aber das ist dem begrenzten Umfang einer SIMPSONS-Episode von gut 20 Minuten geschuldet und dürfte weder für den Verlauf der Folge noch für den Zuschauer Relevanz haben. Denn dieser kennt wohl im Allgemeinen die einzelnen Veröffentlichungsschritte nicht en détail, was zur Beantwortung der eingangs gestellten Fragen führt:

THE BOOK JOB kann nur Relevanz für einen Zuschauer haben, der Einblick in die Mechanismen des Literaturbetriebs hat. Und obwohl es Voraussetzung jedes parodistischen bzw. satirischen Mittels ist, dass der Rezipient

---

186 Vgl. Basting: Das Ende der Kritik, wie wir sie kannten, S. 56.

die Vorlage kennt, folglich die Kritik verstehen und den Aufruf der Satire, den aufgegriffenen Missstand zu beheben, umsetzen kann, ist das hier kaum gegeben: Die Anspielungen auf Thomas Pynchon, der neben J.D. Salinger und Walter Moers ein recht populäres Beispiel für eine bewusste Nicht-Inszenierung der Autorperson ist, kann auch noch derjenige erfassen, der halbwegs an Literatur – nicht aber an ihrem Betrieb! – interessiert ist. Wie auch zumindest die Erwähnung von Neil Gaiman oder Jonathan Franzen und deren Inszenierung in der Öffentlichkeit Assoziationen hervorrufen können, vor allem im amerikanischen Raum. Da Hypes sich gerade durch ihre Popularität auszeichnen, wird eine Mehrheit der Zuschauer ohne selbst ein Teil des Hypes gewesen sein zu müssen, auch die Anspielungen darauf aus eigener Anschauung nachvollziehen können.

Das Wissen um die Interna des Literaturbetriebs hingegen ist *kein* Teil der Populärkultur, sondern eines Fachwissens, das auch diese Arbeit heranzieht. Doch auch wenn Kenntnisse über Aufbau und Abläufe innerhalb des literarischen Feldes in Fachliteratur gesammelt und komprimiert sind, erfordert der Erwerb dieses Wissens erheblichen Mehraufwand und Interesse des Zuschauers. Diese müssten über die reine Rezeption der SIMPSONS, die in erster Linie unterhaltend sein soll, hinausgehen. Der Zuschauer kann also beim bloßen Anschauen der Episode die über die Literaturbranche gemachten Aussagen weder nachvollziehen noch überprüfen. Erst recht nicht, was einzelne Referenzen betrifft, wie z. B. der am Anfang der Folge auftauchende Firmenname »Allied Books«: Die Anspielung auf den Book packager »Alloy Entertainment« ist nur verständlich, kennt man wie SIMPSONS-Autor Matt Selman den zugrunde liegenden Internetartikel.[187] Selbst dann wird nicht deutlich, ob mit den Kritikpunkten in der Folge nur das Verfahren von »Alloy Entertainment« oder der gesamte Literaturbetrieb gemeint sind. Weder für den Zuschauer noch für den mit dem Betrieb Vertrauten ist nachprüfbar, ob tatsächlich der eine oder andere Autor ein Team von Ghostwritern hinter sich hat. Dass dem Autor immer noch ein Wert in der Gesellschaft und eine gewisse Verehrung zuteilwerden, dürfte jedoch unstrittig sein.

Nichtsdestotrotz kann festgestellt werden, dass die meisten Anspielungen auf den Betrieb nur für Insider desselben, die also zu einem exklusiven Personenkreis gehören, zu durchschauen sind. Die Episode hat folglich für alle anderen kaum Relevanz, wenn sie die darin gemachten Behauptungen weder eigenständig verifizieren noch falsifizieren können, wie es sich übrigens ähn-

---

187 Vgl. Kapitel 6.

lich auch in anderen medialen Ereignissen, wie dem kürzlich ausgestrahlten TATORT WER BIN ICH? verhält.[188]

Inwieweit einzelne Anspielungen tatsächlich auch ohne explizite Vorkenntnisse verstanden werden können, lässt sich zwar mangels repräsentativer Umfrageergebnisse nicht belastbar belegen. Dennoch hat eine nicht-repräsentative Umfrage im näheren Umfeld ergeben, dass für Außenstehende nicht aus eigenem Wissen heraus bewertbar ist, ob THE BOOK JOB Sachverhalte richtig darstellt oder satirisch überhöht.[189]

Zwar trifft es oftmals auf die SIMPSONS zu, dass nicht alle Anspielungen in einer Folge erkannt werden.[190] Wenn sie jedoch in einer solch monothematischen Fülle auftreten, wie das bei THE BOOK JOB der Fall ist, stellt sich doch die Frage: Mit welchem Ziel richten die SIMPSONS-Autoren, die selbst Außenstehende des Literaturbetriebs sind, eine Episode an andere Außenstehende, die mit Referenzen gefüllt ist, die diese nur begrenzt verstehen können? Das lässt sich, ohne die Autoren direkt fragen zu können, nicht abschließend beantworten. Eine Erklärung könnte allerdings Stefan Zahlmann bieten: Für ihn werden die Anspielungen zum Pars pro Toto für den gesamten Gegenstand, auf den sie hinweisen, von dem die Anspielung wiederum innerhalb des SIMPSONS-Universums losgelöst gesehen werden kann und die SIMPSONS somit einen »guide through our cultural landscape« bieten.[191] Die SIMPSONS sind Vermittler popkulturellen Wissens[192], das sie auf verschiedenen intellektuellen Ebenen anbieten[193], sodass für jeden Zuschauer unterhaltende und erkenntnisstiftende Elemente enthalten sind.

Letztendlich ist THE BOOK JOB zwar nicht relevant für jeden, sondern nur für die Mitarbeiter von »Alloy Entertainment«, anderer Verlage oder grundsätzlich jene, die innerhalb des Literaturbetriebs stehen. Und sie wird auch wohl keine Änderung der kritisierten Praktiken bewirken, da sie dazu entwe-

---

188 An WER BIN ICH? (D 2015, Erstausstrahlung: Das Erste, 29.12.2015), scheiden sich offenbar die Geister (Vgl. »Tatort«. Irre oder irre gut? In: Rhein-Zeitung vom 29.12.2015, S. 28): Der Meta-Krimi erfüllt nicht die klassischen Anforderungen an einen Kriminalfall, sondern stellt die Querelen der sich selbst auf selbstironische Weise verkörpernden TATORT-Darsteller in den Mittelpunkt. Obwohl auch der TATORT wie die SIMPSONS ein (in Deutschland) großes Publikum anspricht, ist in diesem Fall die Satire nur für diejenigen erkennbar, die Einblick in oder Interesse am deutschen Fernsehbetrieb haben und die Kritik daran verstehen können. Der normale TATORT-Zuschauer, der ein bestimmtes Filmkonzept erwartet, wird enttäuscht.

189 Vgl. Anhang .

190 »In fact there are at times so many references that even as a cultural scientist specialized in popular culture one cannot spot all of them.« Tschiggerl/Walach: Introduction, S. 11. Vgl. auch Kapitel 5.

191 Vgl. Zahlmann, Stefan: Preface. In: The Simpsons Did It!, S. 1–5, hier S. 3.

192 Vgl. Rauscher: Method Acting im Kwik-E-Mart, S. 105.

193 Vgl. Goltz: Functions of Intertextuality and Intermediality in *The Simpsons*, S. 9.

der Verantwortliche innerhalb der Literaturbranche in großer Zahl erreichen müsste, um ihnen den Spiegel vorhalten zu können. Oder aber der Zuschauer müsste doch mehr durchschauen können, damit er von außen auf ebenjene Verantwortlichen einwirken kann.

Dennoch kann THE BOOK JOB den Zuschauer dazu animieren, sich mit dem Gegenstand des Literaturbetriebs auseinanderzusetzen. Eher noch, als er es ohne diesen Impuls getan hätte.

LITERATURVERZEICHNIS

Quellen

Gedruckte Quellen

Czogalla, Michael: Behind the Laughter. »Die Simpsons« im Kontext der amerikanischen Populärkultur. Marburg: Tectum 2004.

»Tatort«. Irre oder irre gut? In: Rhein-Zeitung vom 29.12.2015, S. 28.

Ungedruckte Quellen

All's Fair in oven war (Die geheime Zutat, Die Simpsons St. 16, Ep. 2, USA 2004), Regie: Mark Kirkland.

Diatribe of a mad housewife (Fantasien einer durchgeknallten Hausfrau, Die Simpsons St. 15, Ep. 10, USA 2004), Regie: Mark Kirkland.

First Blood (Rambo, USA 1982), Regie: Ted Kotcheff.

Moe'n'a Lisa (Das literarische Duett, Die Simpsons St. 18, Ep. 6, USA 2006), Regie: Mark Kirkland. TV-Ausstrahlung vom 4. Januar 2016 auf Pro Sieben.

Ocean's Eleven (USA 2001), Regie: Steven Soderbergh.

The Book Job (Homers Sieben, Die Simpsons St. 23, Ep. 6, USA 2011), Regie: Bob Anderson. TV-Ausstrahlung vom 8. November 2015 auf Pro Sieben.

Wer bin ich? (D 2015), Regie: Bastian Günther. TV-Ausstrahlung vom 27. Dezember 2015 auf Das Erste.

Internetquellen

About J. K. Rowling. Biography. In: Website von J. K. Rowling. http://www.jkrowling.com/en_GB/#/about-jk-rowling [03.01.2015].

Boucher, Geoff: ›The Simpsons‹ and Neil Gaiman heist ›Twilight,‹ ›Hunger Games‹. In: Hero Complex Website. 18.11.2011. http://herocomplex.latimes.com/tv/the-simpsons-and-neil-gaiman-heist-twilight-hunger-games/#/7 [12.12.2015].

Buchproduktion. In: Website des Börsenvereins des deutschen Buchhandels. http://www.boersenverein.de/de/portal/Buchproduktion/658140 [31.12.2015].

Bücher von Stephen King. In: Random House Website.
http://www.randomhouse.de/Autor/Stephen-King/alleTitel108744.rhd
[13.12.2015].

Die Geschichte der JK Rowling. Die Frau hinter den Heiligtümern des Todes. In: Stern Website. 11.11.2010.
http://www.stern.de/kultur/film/die-geschichte-der-jk-rowling-die-frau-
hinter-den-heiligtuemern-des-todes-3039054.html [03.01.2016].

Ebeling, Dieter: Joanne K. Rowling. Überleben in der Märchenwelt. In:
Stern Website. 20.06.2003. http://www.stern.de/kultur/buecher/jo-
anne-k-rowling-ueberleben-in-der-maerchenwelt-3341052.html
[03.01.2016].

Feuerbach, Leonie: Harry-Potter-Café. Edinburghs tropfender Kessel. In:
Website der Frankfurter Allgemeinen Zeitung. 20.06.2014.
http://www.faz.net/aktuell/gesellschaft/elephant-house-
edinburghs-tropfender-kessel-13000895-p2.html?printPagedAr-
ticle=true#pageIndex_2 [03.01.2016].

How I Became a Famous Novelist. In: Amazon Website.
http://www.amazon.com/How-I-Became-Famous-Novelist/
dp/0802170609 [14.12.2015].

Ingendaay, Paul: Sein Lektor machte ihn zum Markenartikel. In: Website
der Frankfurter Allgemeinen Zeitung. 27.04.2012. http://www.faz.net/ak-
tuell/feuilleton/buecher/buecher-der-woche/raymond-carver-
beginners-sein-lektor-machte-ihn-zum-
markenartikel-11732654-p2.html?printPagedArticle=true#pageIndex_3
[14.12.2015].

Klonovsky, Michael: Der Bürger als Dichter. In: Focus Online. 02.12.2006.
http://www.focus.de/magazin/biografien/edition_aid_26714.html
[03.01.2015].

Mead, Rebecca: The Gossip Mill. Alloy, the teen-entertainment
factory. In: The New Yorker Website. 19.10.2009. http://www.newyorker.
com/magazine/2009/10/19/the-gossip-mill [12.12.2015].

Neil Gaiman. In: Amazon Website.
http://www.amazon.de/Neil-Gaiman/e/B000AQ01G2/ref=sr_ntt_srch_
lnk_2?qid=1452102800&sr=1-2 [14.12.2015].

The Simpsons. The Book Job. Quotes. In: IMDb Website. http://www.imdb.
com/title/tt2090363/quotes?ref_=ttcnn_sa_4 [14.12.2015].

The Simpsons. The Book Job. Trivia. In: IMDb Website.
http://www.imdb.com/title/tt2090363/trivia?ref_=ttqu_sa_1 [14.12.2015].
Thomas Pynchon The Simpsons Book Endorsement. In: YouTube.
https://www.youtube.com/watch?v=QcYXWfGt7DY [01.01.2016].

Forschungsliteratur

Barthes, Roland: Der Tod des Autors. In: Texte zur Theorie der Autorschaft.
Hrsg. von Fotis Jannidis u.a. Stuttgart: Reclam 2000, S. 185–193.
Basting, Barbara: Das Ende der Kritik, wie wir sie kannten. In: Literaturbe-
trieb. Zur Poetik einer Produktionsgemeinschaft. Hrsg. von Philipp
Theisohn und Christine Weder. München: Wilhelm Fink 2013, S. 49–62.
Bramann, Klaus-W.: Book packaging. In: Verlagslexikon. Hrsg. von
Klaus-W. Bramann und Ralf Plenz. Hamburg/Frankfurt am Main: In-
put/Bramann 2002, S. 51.
Diederichsen, Diedrich: Die SIMPSONS der Gesellschaft. In: Subversion zur
Prime-Time. Die SIMPSONS und die Mythen der Gesellschaft. Hrsg. von
Michael Gruteser, Thomas Klein und Andreas Rauscher.
3. Auflage. Marburg: Schüren 2014, S. 15–20.
Drews, Jörg: Zum Thema. Verdirbt der Literaturbetrieb die Literatur? In:
Jahrbuch der Deutschen Schillergesellschaft. Internationales Organ für
neuere deutsche Literatur 52 (2008), S. 481–491.
Dücker, Burckhard: Literaturpreise. In: Veränderungen des Literaturbe-
triebs 39 (2009) Heft 154, S. 54–76.
Fink, Edward J.: Writing *The Simpsons*. A Case Study of Comic Theory. In:
Journal of Film and Video 65 (2013) 1, S. 43–55.
Fischer, Ernst: Marktinformation und Lektüreimpuls. Zur Funktion von
Bücher-Charts im Literatursystem. In: Literaturbetrieb in Deutschland.
Hrsg. von Heinz Ludwig Arnold und Matthias Beilein. 3., völlig verän-
derte Auflage. München: edition Text + Kritik 2009, S. 200–218.
Genette, Gérard: Palimpseste. Die Literatur auf zweiter Stufe (edition Suhr-
kamp 683). Frankfurt am Main: Suhrkamp 1993.
Goltz, Wanja Matthias Freiherr von der: Functions of Intertextuality and
Intermediality in *The Simpsons*. Diss. Phil. Universität Duisburg-Essen
2011.
Gray, Jonathan/Jones, Jeffrey P./Thompson, Ethan: The State of Satire, the
Satire of State, In: Satire TV. Politics and Comedy in the Post-Network

Era. Hrsg. von Jonathan Gray, Jeffrey P. Jones und Ethan Thompson. New York/London: New York University Press 2009, S. 3–36.

Gruteser, Michael/Klein, Thomas/Rauscher, Andreas: Das SIMPSONS-Netzwerk. Eine Einführung. In: Subversion zur Prime-Time. Die SIMPSONS und die Mythen der Gesellschaft. Hrsg. von Michael Gruteser, Thomas Klein und Andreas Rauscher. 3. Auflage. Marburg: Schüren 2014, S. 10–14.

Gruteser, Michael/Klein, Thomas/Rauscher, Andreas: Die gelben Seiten von Springfield. Eine Einführung. In: Subversion zur Prime-Time. Die SIMPSONS und die Mythen der Gesellschaft. Hrsg. von Michael Gruteser, Thomas Klein und Andreas Rauscher. 2., erweiterte und ergänzte Auflage. Marburg: Schüren 2002, S. 11–17.

Hahnemann, Andy: Kulturindustrie. In: Das BuchMarktBuch. Der Literaturbetrieb in Grundbegriffen (rowohlts enzyklopädie). Hrsg. von Erhard Schütz u. a. 2., durchgesehene Auflage. Reinbek: Rowohlt 2010, S. 183–186.

Henry, Matthew A.: *The Simpsons*, Satire, and American Culture. New York: Palgrave Macmillan 2014.

Johannsen, Anja: »Zuviel zielwütige Kräfte?« Der Literaturveranstaltungsbetrieb unter der Lupe. In: Doing Contemporary Literature. Praktiken, Wertungen, Automatismen (Schriftenreihe »Automatismen«). Hrsg. von Maik Bierwirth, Anja Johannsen und Mirna Zeman. München: Wilhelm Fink 2012, S. 263–281.

John-Wenndorf, Carolin: Der öffentliche Autor. Über die Selbstinszenierung von Schriftstellern. Bielefeld: Transcript 2014.

Jürgensen, Christoph/Kaiser, Gerhard: Schriftstellerische Inszenierungspraktiken. Heuristische Typologie und Genese. In: Schriftstellerische Inszenierungspraktiken. Typologie und Geschichte. Hrsg. von Christoph Jürgensen und Gerhard Kaiser. Heidelberg: Winter 2011, S. 9–32.

Keazor, Henry: Die SIMPSONS und die Kunst. »Great artists are always trying new things!« In: Subversion zur Prime-Time. Die SIMPSONS und die Mythen der Gesellschaft. Hrsg. von Michael Gruteser, Thomas Klein und Andreas Rauscher. 3. Auflage. Marburg: Schüren 2014, S. 126–133.

Klein, Thomas/Hißnauer, Christian: Rücke vor bis auf ›Los‹. Die Serialität der SIMPSONS. In: Subversion zur Prime-Time. Die SIMPSONS und die Mythen der Gesellschaft. Hrsg. von Michael Gruteser, Thomas Klein und Andreas Rauscher. 3. Auflage. Marburg: Schüren 2014, S. 21–25.

Martínez, Matías: Autorschaft und Intertextualität. In: Rückkehr des Autors. Zur Erneuerung eines umstrittenen Begriffs (Studien und Texte zur Sozialgeschichte der Literatur 71). Hrsg. von Fotis Jannidis. Tübingen: Niemeyer 1999, S. 465–479.

Matt, Beatrice von: Eine Stellungnahme aus schweizerischer Sicht. In: Jahrbuch der Deutschen Schillergesellschaft. Internationales Organ für neuere deutsche Literatur 52 (2008), S. 492–495.

Moritz, Rainer: Wenig Neues unter der Sonne. In: Jahrbuch der Deutschen Schillergesellschaft. Internationales Organ für neuere deutsche Literatur 52 (2008), S. 496–497.

Müller, Beate: Komische Intertextualität. Die literarische Parodie (Horizonte. Studien zu Texten und Ideen der europäischen Moderne 16). Trier: Wissenschaftlicher Verlag Trier 1994.

Plachta, Bodo: Literaturbetrieb (UTB 2982, Literaturwissenschaft elementar). Paderborn: Wilhelm Fink 2008.

Plath, Jörg: Die Literatur in digitalen Zeiten. In: Zukunft der Literatur. 50 Jahre Text + Kritik. Sonderband. Hrsg. von Hermann Korte u.a. München: edition Text + Kritik 2013, S. 29–41.

Rauscher, Andreas: »Das würde ich nicht unbedingt subversiv nennen.« Interview mit dem SIMPSONS-Regisseur David Silverman. In: Subversion zur Prime-Time. Die SIMPSONS und die Mythen der Gesellschaft. Hrsg. von Michael Gruteser, Thomas Klein und Andreas Rauscher. 3. Auflage. Marburg: Schüren 2014, S. 26–30.

Rauscher, Andreas: Method Acting im Kwik-E-Mart. Die Medientheorien der SIMPSONS. In: Subversion zur Prime-Time. Die SIMPSONS und die Mythen der Gesellschaft. Hrsg. von Michael Gruteser, Thomas Klein und Andreas Rauscher. 2., erweiterte und ergänzte Auflage. Marburg: Schüren 2002, S. 104–141.

Richter, Steffen: Der Literaturbetrieb. Eine Einführung. Texte – Märkte – Medien (Einführungen Germanistik). Darmstadt: WBG 2011.

Ryan, Marie-Laure: Transmediales Storytelling und Transfiktionalität. In: Medien Erzählen Gesellschaft. Transmediales Erzählen im Zeitalter der Medienkonvergenz (Media Convergence 2). Berlin: de Gruyter 2013, S. 88–117.

Schaffrick, Matthias: In der Gesellschaft des Autors. Religiöse und politische Inszenierungen von Autorschaft (Reihe Siegen. Beiträge zur Literatur-, Sprach- und Medienwissenschaft 171). Heidelberg: Winter 2014.

Schärf, Christian: Belichtungszeit. Zum Verhältnis von dichterischer Imagologie und Fotografie. In: Schriftsteller-Inszenierungen. Hrsg. von Gunter E. Grimm und Christian Schärf. Bielefeld: Aisthesis 2008, S. 45–58.

Schneider, Ute: Literatur auf dem Markt. Kommunikation, Aufmerksamkeit, Inszenierung. In: Literaturbetrieb. Zur Poetik einer Produktionsgemeinschaft. Hrsg. von Philipp Theisohn und Christine Weder. München: Wilhelm Fink 2013, S. 235–247.

Theisohn, Philipp/Weder, Christine: Literatur als/statt Betrieb. Einleitung. In: Literaturbetrieb. Zur Poetik einer Produktionsgemeinschaft. Hrsg. von Philipp Theisohn und Christine Weder. München: Wilhelm Fink 2013, S. 7–16.

Tomaševskij, Boris: Literatur und Biographie. In: Texte zur Theorie der Autorschaft. Hrsg. von Fotis Jannidis u.a. Stuttgart: Reclam 2000, S. 49–61.

Töteberg, Michael: Jour fixe. Agenten, Autoren, Amazon. Bericht von einer fiktiven Verlagskonferenz. In: Zukunft der Literatur. 50 Jahre Text + Kritik. Sonderband (edition Text + Kritik). Hrsg. von Hermann Korte u.a. München: Richard Boorberg 2013, S. 51–58.

Tschiggerl, Martin/Walach, Thomas: Introduction. In: The Simpsons Did It! Post-modernity in Yellow. Hrsg. von Martin Tschiggerl und Thomas Walach. Wien: Ferstl & Perz 2015, S. 7–20.

Wegmann, Thomas: Autor. In: Das BuchMarktBuch. Der Literaturbetrieb in Grundbegriffen (rowohlts enzyklopädie). Hrsg. von Erhard Schütz u. a. 2., durchgesehene Auflage. Reinbek: Rowohlt 2010, S. 25–31.

Wünsch, Frank: Die Parodie. Zu Definition und Typologie (Poetica. Schriften zur Literaturwissenschaft 39). Hamburg: Dr. Kovač 1999.

Zahlmann, Stefan: Preface. In: The Simpsons Did It! Postmodernity in Yellow. Hrsg. von Martin Tschiggerl und Thomas Walach. Wien: Ferstl & Perz 2015, S. 1–5.

Zeman, Mirna: Literarische Moden. Ein Bestimmungsversuch. In: Doing Contemporary Literature. Praktiken, Wertungen, Automatismen (Schriftenreihe »Automatismen«). Hrsg. von Maik Bierwirth, Anja Johannsen und Mirna Zeman. München: Willhelm Fink 2012, S. 111–130.

ANHANG

An einer anonymen, nicht-repräsentativen Umfrage zur Simpsons-Folge The Book Job (zugehöriger Fragebogen untenstehend) haben fünf Personen teilgenommen (drei weiblich, zwei männlich),[194] deren höchster Bildungsabschluss Abitur oder Hochschulstudium ist und die sich mehrheitlich hauptberuflich im Studium befinden. Nach Sichtung der Folge bearbeiteten sie Fragen, die mit Ja oder Nein zu beantworten waren, zu denen sie sich aber auch optional ausführlicher äußern konnten, was von allen wahrgenommen wurde.

Wenige der Teilnehmer verfolgen die Simpsons regelmäßig im Fernsehen, haben aber meist schon einmal Folgen der Serie gesehen. Ein Großteil hält sich selbst für besser über den Literaturbetrieb informiert als der »Normalbürger«.

Dennoch stellen die meisten fest, die in The Book Job aufgestellten Behauptun-gen nicht aus eigener Anschauung und eigenem Wissen heraus einwandfrei überprüfen zu können. Während zwar sowohl die Anspielungen auf die *Harry Potter*-Reihe als auch auf den Hype um das Vampirgenre (namentlich die *Twilight*-Reihe) verstanden werden, kann über die Richtigkeit der Darstellung des Literaturbetriebs nur spekuliert werden: Tendenziell werden die Aussagen der Folge zu Ghostwritern, Marktforschung der Verlage und der Bewerbung der Autoren durch erfundene Lebensgeschichten für wahr oder zumindest für sehr wahrscheinlich gehalten.

Eine Mehrheit glaubt, dass es innerhalb des Literaturbetriebs auch noch eigenverantwortliche Autoren gibt, die unabhängig von Beeinflussung ihre Bücher schreiben, auch wenn solche weniger zu werden scheinen (vgl. T 1: »Ja, ich glaube, Autoren die allein verantwortlich, ohne große Einflüsse eines Verlages oder von Lektoren schreiben können, werden tatsächlich weniger.«; T 3: »Das Gefühl sagt dennoch, dass es nach wie vor das positive Gegenbeispiel eines hauptverantwortlichen Autors gibt, zumindest in einigen Fällen.«). Lediglich eine Teilnehmerin glaubt, dass der autonome Autor vollkommen verschwunden ist (vgl. T 4: »Nein, da sehr viele Autoren Berater an ihrer Seite haben, die sie bei dem Entstehungsprozess unterstützen.«)

Dass neben den auf dem Umschlag ausgewiesenen Autoren auch Ghostwriter existieren können, schließt niemand kategorisch aus. Es wird sogar

194 Die Fragebögen wurden anschließend nummeriert als „Teilnehmer 1", „Teilnehmerin 2" usw. Wird im Folgenden aus den Antworten zitiert, wird der oder die Antwortende mit einem T für Teilnehmer und seiner bzw. ihrer Nummer gekennzeichnet, z. B. T1, T2.

als sehr wahrscheinlich erachtet (vgl. T 1: »Eher ja, dessen bin ich mir nicht sicher, ich könnte es mir aber durchaus vorstellen.«; T 5: »Ich halte es für sehr wahrscheinlich, dass mehrere Ghostwriter engagiert werden, da wie bei Kochsachen Namen erfunden werden.«).

Die Entwicklung heutiger Jugendbücher aufgrund von Marktforschung halten drei Teilnehmer für sehr wahrscheinlich, die anderen glauben, dass Marktforschung zumindest teilweise angewandt wird. Und obwohl bei manchen zu erkennen ist, dass das Ideal des autonomen Autors hochgehalten wird (vgl. T 1: »Von künstlerischer/kreativer Seite aus betrachtet ist es natürlich sehr traurig, dass ein Prozess des Schreibens so kommerzialisiert wird und dadurch etwas von seiner ›Magie‹ verliert.«; T 5: »Man schreibt aus Überzeugung.«) und nur zwei der Befragten angeben, der Autorname auf dem Buchumschlag sei gar nicht wichtig, hält die Mehrheit das vermutete Basieren der Jugendliteratur auf Marktforschung für nicht verwerflich. Ein Verlag als wirtschaftliches Unternehmen sei schließlich auf seinen Gewinn bedacht (vgl. T 2: »[…] das Buch ist zuletzt ein Konsumgut, welches der Masse gefallen muss.«; T 4: »[…] da ein Verlag auf die Wünsche seiner potentiellen Zielgruppe eingehen muss, um wirtschaftlich agieren zu können.«). Ein Teilnehmer hält gar jegliche Strategien des Verlages für irrelevant für seine Rezeption eines Buches (vgl. T 3: »Sofern dies wirklich so sein sollte, halte ich es für wenig verwerflich, wenn ein Werk mir letztendlich gefällt, so wie es geschrieben wurde. Zumal man sich beim Erwerb eines Buches in den seltensten Fällen dieser Tatsache bewusst ist, und es sowieso keinen Einfluss auf meine Meinung ausüben wird, wer oder wie viele Personen am Ende dieses Buch mit zu verantworten hatten.«).

Ob die Bewerbung von Jugendbüchern durch erfundene Lebensgeschichten ge-stützt wird, damit haben sich die meisten Teilnehmer noch nicht beschäftigt und wollen daher keine Vermutungen anstellen. Dass dies Praxis der Verlage ist, wird aber für wahrscheinlich gehalten (vgl. T1: »Ja, auch das könnte ich mir vorstellen, das könnte dazu dienen, dass der Leser sich eventuell sogar mit dem Autor identifizieren kann.«).

Dass es ein Urheberrecht gibt, ist zwar den meisten Teilnehmern bewusst. Inwieweit der Autor aber seine Nutzungsrechte an den Verlag abgeben kann oder muss, konnte niemand benennen (nur T4 wusste, dass es einen Unterschied zwischen Urheber- und Nutzungsrecht gibt).

Alle Teilnehmer wissen oder glauben zumindest, dass der Veröffentlichungsweg eines Buches mehr Schritte beinhaltet, als sie THE BOOK JOB darstellt. Allerdings halten sie mehrheitlich eine ausführliche Darstellung für die Folge auch nicht für relevant. Sie glauben, die Mehrheit der Zuschauer wisse nicht, wie ein Veröffentlichungsprozess ablaufe (vgl. T 2: »Aber ich glaube, der wirkliche Prozess wäre etwas langweilig und lang für eine Episode. Aber so stellen sich glaube ich viele Menschen den Prozess vor.«; vgl. T 3: »Der Veröffentlichungsweg innerhalb der Folge ist zwecks des typischen Humors der SIMPSONS sicherlich stark verkürzt dargestellt und kann so in keiner Weise ernst genommen werden. Ob das jedoch auch die heutige Jugend so sieht, die mit derartigen Folgen der SIMPSONS aufwachsen, ist nochmals eine andere Frage.«).

Abschließend nach ihrer persönlichen Einschätzung der Folge befragt, hält zwar eine Mehrheit die Folge für witzig, interessant oder satirisch. Niemand aber findet sie wichtig und relevant für sich selbst und nur zwei halten sie für wichtig und relevant für die Öffentlichkeit bzw. das SIMPSONS-Publikum.

Die stichprobenartige Umfrage in einem tendenziell Literatur(betriebs)-affinen und höher gebildeten Umfeld hat ergeben, dass der Zuschauer die in THE BOOK JOB aufgestellten Behauptungen nicht aus der eigenen Erfahrung heraus beurteilen kann, dass sie ihm aber zumindest für sehr möglich erscheinen. Die Kritik an den Content-Produzenten der Verlage ist dabei aber nur teilweise wirksam, da die angeprangerten Marktforschungsstrategien von den Befragten als wichtig für das wirtschaftliche Unternehmen Verlag erachtet werden.

Folgende Fragen wurden in der Umfrage gestellt:

Fragebogen zur Episode der Serie DIE SIMPSONS »HOMERS SIEBEN/THE BOOK JOB«

Vielen Dank für Ihre Teilnahme an dieser kleinen Umfrage. Sie wird ca. 35 Minuten in Anspruch nehmen, von denen gut 20 Minuten das Anschauen einer ausgewählten Episode der Serie DIE SIMPSONS einnehmen. Dies erfolgt im zweiten Schritt der Umfrage.

1 Fragen zur Person
1.1 Geschlecht:
☐ weiblich (3x)
☐ männlich (2x)

1.2 Höchster Bildungsabschluss:
☐ kein Schulabschluss
☐ Hauptschulabschluss
☐ Mittlere Reife
☐ Fachabitur
☐ Abitur (5x)
☐ Hochschulabschluss

1.3 Derzeitige berufliche Tätigkeit:
☐ Schule
☐ Berufsausbildung
☐ Studium (4x)
☐ vollzeiterwerbstätig (1x)
☐ teilzeiterwerbstätig
☐ Erziehungszeit
☐ Arbeitssuchend
☐ Rentner/in

1.4 Würden Sie von sich behaupten, dass Sie, z. B. aus Interesse oder beruflichen Gründen, Einblick in den Literaturbetrieb haben, bzw. mehr Einblick als der Normalbürger?
☐ Nein (1x)
☐ Ja, weil (Erläuterung optional): (4x)

Sind Sie vertraut mit den SIMPSONS (beispielsweise, weil Sie diese Serie regelmäßig oder häufig schauen), verstehen also, wie der Humor der Serie funktioniert?
☐ Nein, weil: (1x)
☐ Ja, weil: (4x)

2 Fragen zur Folge
Bitte schauen Sie sich die Folge THE BOOK JOB (HOMERS SIEBEN, St. 23 Ep. 6, USA 2011) an. Beantworten Sie bitte anschließend die folgenden Fragen zu Ihrer Einschätzung der in der Folge aufgestellten Behauptungen. Sie können meist mit Ja oder Nein antworten und Ihre Antworten optional erläutern. Achten Sie dabei bitte darauf, das zu antworten, was Sie aus eigener Anschauung wissen oder was Sie für am Wahrscheinlichsten halten.

2.1 Glauben Sie, es gibt den Autor, der allein verantwortlich ein Buch schreibt, tatsächlich nicht mehr in der Jugendliteratur?

2.2 Wird der Inhalt von Jugendbüchern aufgrund von Marktforschungsergebnissen entwickelt?

2.3 Werden Bücher von mehreren Ghostwritern geschrieben, statt von denjenigen, deren Name auf dem Buchumschlag steht?

2.4 Wenn dem tatsächlich so ist (Marktforschung, Ghostwriter), halten Sie das für verwerflich oder für üblich?

2.5 Wird die Bewerbung von Jugendbüchern – ähnlich den teils überzogenen Behauptungen der Werbung – durch erfundene Lebensgeschichten bzw. andere erfundene Aspekte gestützt?

2.6 Gibt ein Autor, wenn er einen Vertrag mit einem Verlag schließt, alle Rechte an seinem Buch ab?

2.7 Woran erinnert Sie die von der Gruppe selbst ausgedachte Handlung für ein Jugendbuch? (z. B. bekannte Vorbilder)
Harry Potter (4x)

2.8 Worauf spielt Ihrer Meinung nach die Erwähnung der Vampirgenres (Vampire Cheerleaders, Vampirates, Southern Vampires, Vampire Frankensteins, Vampire Babysitters, Vampire Princesses) an?
Twilight bzw. Vampirhype (5x)

2.9 Ist der Veröffentlichungsweg eines Buches Ihrer Meinung nach in der Folge richtig dargestellt? (USB-Stick und ein Knopfdruck, mit dem das Buch gedruckt und an Buchhandlungen versendet wird)

2.10 Wenn Sie selbst ein Buch kaufen, wie wichtig ist Ihnen der Autorname auf dem Buchumschlag?
☐ Sehr wichtig (1x)
☐ wichtig (1x)
☐ teilweise (1x)
☐ wenig wichtig
☐ gar nicht wichtig (2x)

3 Abschließende Fragen

Abschließend ist Ihre persönliche Einschätzung der Folge »HOMERS SIEBEN/ THE BOOK JOB« gefragt:

3.1 Halten Sie die Folge für: (Mehrfachnennungen ausdrücklich möglich!)
☐ witzig (4x)
☐ interessant (3x)

☐ hat wahre Sachverhalte dargestellt
☐ hat falsche Sachverhalte dargestellt
☐ satirisch (4x)
☐ böse (1x)
☐ überzogen (1x)
☐ seicht
☐ verständlich (3x)
☐ unverständlich
☐ wichtig und relevant für mich selbst
☐ wichtig und relevant für die Öffentlichkeit/das Simpsons-Publikum (2x)
☐ Sonstige:

3.2 Welche Aspekte der Folge fanden Sie lustig? Welche nicht? Warum?

3.3 Gibt es Aspekte der Folge, von denen Sie glauben, sie nicht verstanden zu haben?
☐ Nein (5x)
☐ Ja, nämlich:

Haben Sie noch weitere Anmerkungen?

Vielen Dank für Ihre Teilnahme!